广西优秀传统文化
出版工程

"考古广西"丛书

贝丘的文明
密码

覃芳 著

扫码获取更多资源

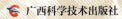 广西科学技术出版社
·南宁·

图书在版编目（CIP）数据

贝丘的文明密码 / 覃芳著 . -- 南宁：广西科学技术出版社，2024.12.--（"考古广西"丛书）.
ISBN 978-7-5551-2327-9

Ⅰ. K878.02

中国国家版本馆 CIP 数据核字第 2024TK9628 号

贝丘的文明密码

覃 芳 著

出版人：岑 刚	装帧设计：刘瑞锋 阳玳玮 韦娇林
项目统筹：罗煜涛	排版制作：熊文易
项目协调：何杏华	责任校对：冯 靖
责任编辑：袁 虹	责任印制：陆 弟

出版发行：广西科学技术出版社

社　　址：广西南宁市东葛路 66 号

邮政编码：530023

网　　址：http://www.gxkjs.com

印　　制：广西民族印刷包装集团有限公司

开　　本：889 mm×1240 mm　1/32

印　　张：5

字　　数：108 千字

版　　次：2024 年 12 月第 1 版

印　　次：2024 年 12 月第 1 次印刷

书　　号：ISBN 978-7-5551-2327-9

定　　价：32.00 元

总序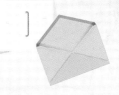

　　在中国辽阔的南方边陲，广西这片被自然与人文双重雕琢的神奇土地，自古以来便是中华民族多元文化的交流、交往和交融之地。它不仅是中华民族多元文化璀璨共融的见证者，更是文化的建设者和传承者。这里，山川秀美，草木葳蕤，河流纵横，众多民族在这里和谐共融、安居乐业，留下的丰厚历史文化遗产，成为中华文明不可或缺的一抹亮丽底色。

　　在古老而又充满活力的八桂大地上，有无数珍贵的文化遗产。它们或隐藏于幽深的洞穴，或散布于辽阔的田野，或依偎在蜿蜒而过的河边，或深藏于繁华的闹市……这些宝贵的文化遗产，是社会发展轨迹和文明进程的缩影。它们不仅见证了广西悠久而辉煌的历史，而且还蕴含着古人的智慧和精神，是我们根系过去、枝连现在、启迪未来的重要财富，更是我们文化自信的重要来源。

　　站在新的历史起点上，文化自信被赋予新的时代内涵和历史使命。党的二十大报告指出，要坚守中华文化立场，提炼展示中华文明的精神标识和文化精髓，加快构建中国话语和中国叙事体系，讲好中国故事、传播好中国声音，展现可信、可爱、可敬的中国形象。党的十八大以来，习近平总书记三次深入广西考察调研并发表重要讲话，充分体现了以习近平同志为核心的党中央对广西工作的高度重视和对八桂各族人民的深切关怀。2017年4月19日，习近平总书记在广西考察的第一站，就是合浦县汉代文化博物馆。习近平总书记在考察中指出，中华民族历史悠久，中华文明源远流长，中华文化博大精深，一个博物馆就是一所大学校。要加强文物保护和利用，加强历史研究和传承，使中华优秀传统文化不断发扬光大。广西优秀传统文化是中华文明宝库中的璀璨明珠，深受中华文化的滋养，同时又展现出鲜明的地方特色。广西优越的地理位置赋予了其独特的地位和重要的历史定位。自秦代以来，灵渠、海上丝绸之路的开通，使广西成为"北上中原，南下南洋"的交通要道。广西利用自身的地理位置优势承接了国家对外经济文化交流的重任，同时形成了独具特色的地方传统文化。广泛分布且各呈异彩的不同时代的文化遗产，承载着灿烂文明，成为今天见证历史、服务国家、民族发展大略，服务经济社会发展，凝聚民族团结之力，提升民族自信心的重要载体。

　　文化自信是一个国家、一个民族发展中最基本、最深沉、最持久的力量。2020年9月28日，习近平总书记在十九届中央政治局第二十三次集体学习时的讲话指出，"考古发现展示了中华文明的灿烂成就。我国考古发现的重大成就充分说明，我国在新石器时代、青铜器时代、铁器时代等各个时代的古代文

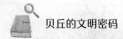

明发展成就上都走在世界前列，我国先民在培育农作物、驯化野生动物、寻医问药、观天文察地理、制造工具、创立文字、发现和发明科技、建设村落、营造都市、建构和治理国家、创造和发展文化艺术等各个领域都取得了令人赞叹的成就。这些重大成就展示了中华民族开拓创新、与时俱进、自强不息的进取精神，是蕴涵着丰富知识、智慧、艺术的无尽宝藏，是坚定文化自信的重要源泉"。广西自古以来便是多元文化共融的热土，其丰富的文化遗产是中华优秀传统文化的重要组成部分。为贯彻落实党的二十大精神和习近平文化思想，实施中华优秀传统文化传承发展工程，传承地方文脉，凝聚思想共识，增强文化自信，广西壮族自治区党委宣传部指导策划，广西出版传媒集团组织广西科学技术出版社编创团队编辑出版"考古广西"丛书。

　　"考古广西"丛书作为"文化广西""非遗广西""自然广西"等丛书的延续和拓展，被列入广西优秀传统文化出版工程。该丛书共10个分册，以翔实的考古资料和多位考古专家多年的研究成果为基础，全面梳理广西的考古遗存，以通俗易懂的语言和大量宝贵的图片，展示广西从旧石器时代至明清时期的最新考古成果和文化遗存，具体包括史前洞穴遗址、贝丘遗址，秦汉时期的城址，唐宋时期的窑址，世界文化遗产花山岩画，明代的靖江王府与王陵，明清时期的边海防设施，以及各时期的墓葬等。丛书集专业性、科普性、趣味性、可读性于一体，深度融合考古学、历史学、地理学、人类学、民族学、社会学等多学科的内容，高度凝聚考古专家多年的研究成果和心

总序

血，深入解读广西文化遗存蕴藏的厚重历史，生动展现广西考古、广西文物的时代价值，向世界传播广西声音，展现广西文化魅力，让更多人了解和认识广西，进而增强民族自豪感和文化自信。

提升公众保护文化遗产的意识和素养，传承民族的记忆与文化的精髓，不仅是每一位出版人的初心与使命，更是时代赋予我们的神圣职责。"考古广西"丛书不仅是对广西考古工作成果通俗化的全面展示，而且也是向世界递出的一张亮丽名片，让世人的目光聚焦广西，感受这片土地独有的文化韵味与魅力，以此增强广西的文化自信，提升广西在国内外的知名度和影响力，为广西的文化建设和社会发展注入强劲动力。"考古广西"丛书的出版还是深化全民阅读活动、提升公众文化素养的重要举措。它鼓励更多人走进历史，了解文化，感受古人的智慧与汗水，从而在心灵深处产生共鸣与回响，激发全社会对传统文化的兴趣与热爱。通过这一窗口，广西得以向世界讲述中国故事，展现中华文化的博大精深与独特魅力，促进不同文明之间的交流与互鉴。

"考古广西"丛书寻根探源，传承文化精髓。新征程上，我们以书为媒，共赴考古之约，让宝贵的文化遗产在新时代熠熠生辉，助力民族文脉薪火相传，为中华民族伟大复兴贡献文化力量。

丛书主编　林强

2024 年 9 月

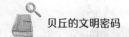

扫码倾听

远古智慧的
深邃回响

壹 何为贝丘
专业解读
海边遗落的
古老故事

贰 贝丘注事
影像纪录
璀璨贝壳的时光密码

古老师
AI 广西考古研究员

24小时在线讲解，
为你解读书中知识。
城市科普问答，
带你一起寻根溯源。

叁 八桂遗迹
一手资料
追寻失落的人类文明

肆 考古广西
系列好书
开启尘封的记忆之门

目　录

贝丘的文明密码

目录

甑皮岩遗址：
穴居中的贝丘人

后　记

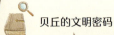

贝丘的文明密码

综述：波澜壮阔的贝丘传奇

大约 1 万年前，邕江及其支流如同温柔的母亲，轻轻环抱着一群智慧初绽的先民。先民们聪明地选择这片水源丰沛、物产丰富的土地，开始了逐水而居的奇妙生活。那时的天空很蓝，河水很清，先民们用他们的双手和智慧，在这片土地上书写着人类早期文明的篇章。

在那遥远的远古时代，大地尚未披上农耕的绿裳，先民们仿佛是大自然最亲密的探险家。他们不耕不织，却以一双巧手和敏锐的目光，穿梭于葱郁的林间，探寻着大自然的宝藏。清晨，他们踏着晨曦的柔光，化身为林间精灵，轻巧地摘下树林中最鲜嫩的果实。午后，他们摇身一变，成为水上飞侠，用自制的骨质鱼钩、鱼锥和鱼镖，与鱼儿们展开一场场智慧与速度

贝丘遗址先民使用的骨鱼钩

贝丘遗址先民使用的骨鱼锥

的较量。当夜幕降临，篝火旁，他们围坐一圈，分享着一天的收获与喜悦，水中的螺蛳、贝类成了他们的美味佳肴，让他们的生活更加丰富多彩。这样的日子，简单又充满乐趣，先民们每天都能享受到大自然的馈赠。

每当夕阳西下，渔猎采集归来的先民们会将剔食后的贝壳、螺蛳壳和兽骨等丢弃于居住地附近。起初，这只是微不足道的举动，但日复一日，年复一年，这些贝壳、螺蛳壳和兽骨经过时间与风雨的洗礼，不仅没有被侵蚀殆尽，反而越积越多，最终形成了奇特、壮观的贝丘。这些贝丘或堆积在江边、河岸、海边，或掩埋在沙土里，或隐秘在洞穴中。考古学家将这令人惊叹的奇特遗存称为贝丘遗址，现在的当地居民则称之为螺蛳

远古先民渔猎采集生活场景复原

贝丘的文明密码

山、顶蛳地。贝丘遗址看似是先民们的垃圾场，实则蕴藏着先民们丰富的生活信息，不仅揭示先民们的饮食习惯、生活方式，而且还为考古学家提供研究古代环境变迁、文化交流的重要线索，是一把打开古代文明之门的钥匙。

贝丘遗址是在特定的历史时期、地区及环境出现的一种原始文化遗存，主要分布在我国南部和东南亚等亚热带地区的江、河、湖、海及附近山洞一带，考古学家将其分为河滨贝丘遗址、湖滨贝丘遗址、海滨贝丘遗址、洞穴贝丘遗址四大类。贝丘遗址自19世纪末在我国初露端倪，到20世纪30年代初获得探索，直至20世纪50年代，大规模的考古调查与发掘才揭开其神秘面纱。

考古学家先后在我国辽宁、山东、福建、台湾、广东、广西、海南等省（区）沿海发现200多处贝丘遗址，我国因此成为世界上发现贝丘遗址最多的国家。其中，广西是我国发现贝丘遗址最多的地区。广西的贝丘遗址主要分布在广西南部河流两岸和滨海地区。20世纪60年代初，考古工作者对南宁文物进行普查。有一天他们从邕宁长塘横渡邕江时，在船上不经意间看到河岸崩塌处露出很多粉白色的螺蛳壳。考古工作者对这突如其来的发现兴奋不已，于是立即上岸寻访，在一堆堆粉白色的螺蛳壳中发现了石器和陶片。这些远古的石器和陶片如同历史的密码，等待考古工作者去破解。

通过进一步的仔细考证，考古工作者断定这些粉白色的螺蛳壳就是古人类遗留下来的，显然古人类曾在此处生活过。于是，邕江沿岸的第一处贝丘遗址就这样被揭开了神秘的面纱。

综述：波澜壮阔的贝丘传奇

后来，考古工作者沿着邕江两岸开展拉网式走访，凡是被老百姓称为螺蛳山、螺蛳地的地方，他们都曾到访过。

考古工作者发现，在邕江的支流与邕江汇合的三角嘴上，贝丘遗址出现的概率最大。邕江流域两岸的地表散布着大量的螺蛳壳和蚌壳，并伴有石器、骨器、蚌器、陶片等。从南宁市郊的豹子头遗址到横州市的西津遗址，水程共200余千米，沿途分布着30余处贝丘遗址。它们有的相距40余千米，有的相距约10千米，甚至有的仅相距1千米。

广西以河滨贝丘遗址为主，其分布范围大致西起龙州，东至桂平，北到象州，南至宁明，多沿左江、右江、邕江、郁江、黔江及其支流两岸的台地上分布，有那北咀、凌屋、花山、青山、豹子头、灰窑田、顶蛳山、秋江、西津、江口、南沙湾等地的30余处贝丘遗址，其中以邕江流域最为集中，遗址数量较多且分布密集。顶蛳山、秋江、西津、豹子头、江口、南沙湾、凌屋、灰窑田等地的贝丘遗址出土的文化遗存最丰富，也是广西河滨贝丘遗址中最具代表性的。

考古工作者发现，这些河滨贝丘遗址大都不约而同地出现在河流的拐弯处或几条大小河流交汇的三角嘴上，而且一般都位于河岸的第一级阶地上，也就是离河水最近、地势稍高的地方，前面是滔滔江水，后面则是低矮而宁静的小山丘，周围还有一片广阔的台地。河滨贝丘遗址的地层中堆积着大量螺蛳壳、蚌壳和古人类食用后丢弃的陆生动物遗骸。这些地层堆积得相当厚实，有的竟超过1米，最厚的甚至达到5米。

在这些河滨贝丘遗址中，除了发现大量石器、骨器、蚌器、

陶片等，还有数量众多的墓葬。这些墓葬大多集中分布在特定区域，有的甚至形成了氏族公共墓地。这些古人类的墓坑并不像我们想象的那样显眼，它们被巧妙地隐藏在地层之下。令人惊奇的是，有的墓坑中的尸骨还压有大小不一的石块。大部分墓葬没有随葬品，即使有，也只是一两件简单的石器、骨器或蚌器。而且，古人类特别喜欢单人葬，也就是一个人葬在一个坑里。他们的葬式非常特别，以各式屈肢葬为主，如仰身屈肢葬、侧身屈肢葬、俯身屈肢葬等，甚至还有屈肢蹲葬。考古工作者在贝丘遗址中还发现一种特殊的葬式——肢解葬，就是把人的尸体肢解后埋葬。这些葬式都是古人类独特的生活习俗和文化信仰的体现。

贝丘遗址的屈肢葬

综述：波澜壮阔的贝丘传奇

贝丘遗址的肢解葬

　　考古学家通过测定遗址的年代和出土的遗物，发现这些遗址既有共通之处，又各具特色，而且在不同时期具有不同的特点。以顶蛳山遗址为例，中国社会科学院考古研究所研究员傅宪国教授依据明确的地层叠压关系、出土遗物和遗迹的不同，将顶蛳山遗址分为四期，其中以螺蛳壳和蚌壳堆积为主的第二、第三期为顶蛳山遗址的主要堆积。

　　考古工作者对广西海滨贝丘遗址的发掘还不算多。广西海滨贝丘遗址主要分布在北部湾畔的防城港、钦州、北海等地，以防城港最为集中，一般地处临海的山岗上，前临水，背靠山，高出海平面约 10 米，而且附近总有淡水溪流汇入大海。广西海滨贝丘遗址主要有社山遗址、亚菩山遗址、马兰咀山遗址、杯较山遗址、高高墩遗址等 11 处。

广西海滨贝丘遗址的遗存以文蛤、牡蛎等海洋贝壳和古人类食用后丢弃的动物遗骸堆积物为主，在这些堆积物中还夹杂着较多的陶器、石器、骨器和蚌器。其中，石器分为打制石器和磨制石器，它们大多取材于坚韧的砾石。特别是那些打制石器，厚重、粗大，痕迹深而短。值得一提的是那独特的蚝蛎啄，是其他贝丘遗址未曾见过的。它的尖端与厚刃是经过先民们巧妙设计的，与现代海边渔民手中的采蚝工具惊人地相似。

　　广西海滨贝丘遗址的手斧状石器更具地方特色。它由椭圆形的砾石制作而成，中部或末端微微隆起，刃部较薄，既能斩断荆棘，又能挖掘植物根茎，是远古先民们探索自然、征服自然的得力助手。那些石斧、石锛、石凿、石锤、石杵、磨盘等磨制石器，每一件都透露出远古匠人的精湛技艺。从使用痕迹来看，石杵与磨盘应该是先民们日常舂磨谷壳的农产品加工工具。拿起石杵与磨盘，仿佛能闻到那淡淡的谷香，感受到先民们对生活的热爱与执着。

　　骨器大多是用鱼脊椎骨制成的穿孔佩饰，既美观又实用。广西海滨贝丘遗址的骨锥、镞、蚌铲、蚶壳网坠等，每一件器物都是古人类智慧与创造力的结晶。而那些夹砂粗陶，其羼和料为粗砂粒与蚌末，器型多见圜底罐类，纹饰以细绳纹为主，还有篮纹、划纹等，古朴中透着几分雅致。

　　广西海滨贝丘遗址出土的动物骨骼都是现生种，种类有鹿、印度象、兔、鱼、龟、文蛤、牡蛎、田螺等，有些曾是先民们餐桌上的佳肴，而且每一道佳肴都藏着一段关于生存与繁衍的故事。

不仅广西海滨贝丘遗址出土的打制石器较多，而且石器制作已出现了穿孔技术，并出现农业生产与谷物加工工具，表明当时农业生产已经出现且相对发达。遗址出土的大量石网坠和大型鱼脊椎骨，也表明古人类渔猎技术的进步。另外，遗址出土的鱼骨佩饰，在内陆地区的新石器早期遗址中是没有发现的，因此考古学家推测这些遗址的年代应该在新石器晚期的早期阶段。

从 20 世纪 60 年代开始，广西考古工作者就像一群勇敢的寻宝人，他们手持历史的钥匙，一步步地将那些沉睡于岁月尘埃中的贝丘遗址逐一唤醒，让世人对贝丘遗址的了解更加清晰。这些贝丘遗址就像一部部未被完全解读的厚重古籍，等待着我们去探索、去发现。

顶蛳山遗址：
渔猎采集者的天堂

顶蛳山遗址，一处隐匿于南宁市邕宁区的远古宝藏，是新石器时代渔猎采集者的天堂。这里螺蛳壳与兽骨遍地，石器与陶片仿佛在诉说着人类的那一段历史。先民们在这里追逐鹿群，捕捞鱼虾，享受着大自然的馈赠。这里奇特的屈肢葬与肢解葬习俗，更是给人们留下了无尽的遐想。顶蛳山遗址不仅是渔猎采集者的天堂，而且还是探索古人类智慧与文化的生动课堂。在这片充满故事的土地上，每一颗螺蛳壳、每一片陶片都在诉说着那段被时光尘封已久的远古传奇。

爱撩螺的老祖宗

◆▶◀◆

　　在南宁市邕宁区蒲庙镇南约 3 千米处，有一个九碗坡村，村边有一处鸳鸯泉，泉边有一座小小的土山，土山上散布着一大片螺蛳壳、贝壳和动物骨骸，村里人称这座土山为顶蛳山。1994 年 8 月的一天，南宁市邕宁县煤炭公司的黎仕明在顶蛳山捡到几颗鹿牙、几块象骨，于是便带到南宁市邕宁县文物管理所的五圣宫，交给文物管理人员。让人意想不到的是，这些鹿牙和象骨引起了考古学家的高度重视。南宁市博物馆闻讯后，立即派人前往实地调查，在那里除了采集到一大批螺蛳壳和动物骨骸，还发现大量陶片和石器，从而确定顶蛳山是一处重要的新石器时代贝丘遗址。

20 世纪 90 年代以前，在很长的一段时间里，中国社会科学院考古研究所将田野考古调查与发掘工作的重点放在黄河流域，后来又推进到长江流域，但一直没有越过长江。他们认为广西文化相对落后，这是受中华文明起源黄河中心论的影响。之后，北京大学考古教研室主任苏秉琦认为，中华文明的起源是多元的，他提出岭南地区也有属于自己的文明模式。直到 20 世纪 90 年代，中国社会科学院考古研究所才开始对广西进行考古调查。

　　1996 年秋，中国社会科学院考古研究所成立广西工作队，任命刚从国外进修归来的傅宪国教授为队长。傅宪国是河南人，曾就读于中山大学，对岭南考古工作比较关注。他来到广西后，对广西考古工作进行深入发掘和研究，并与广西壮族自治区文物工作队（今广西文物保护与考古研究所）的李珍教授携手，沿着邕江、郁江、浔江、西江蜿蜒的水岸开展为期一个多月的田野调查，足迹遍及多个县（市）。

　　他们将调查的各个遗址进行比对，最终选定以邕江流域的新石器时代贝丘遗址作为探索广西史前文化的突破口。傅宪国教授认为，当时西江流域的很多文化遗址受到洪水冲刷，遭受

顶蛳山遗址远景

严重的自然灾害，导致河岸崩塌，再过 5～10 年这些遗址很可能会消失。考古工作者对于这些文化遗址的保护要有紧迫感，必须尽快开展专题研究。

考虑到考古工作者曾对邕江两岸的豹子头、青山、长塘、秋江和西津等地的贝丘遗址进行过不同程度的试掘或正式发掘，且有过广泛研究，1997 年 4 月，以中国社会科学院考古研究所傅宪国教授为领队，由中国社会科学院考古研究所、广西壮族自治区文物工作队、南宁市博物馆、南宁市邕宁县文物管理所的专业人员组成的联合考古队选择了一个当时鲜为人知的遗址——顶蛳山遗址，作为第一个发掘点。顶蛳山遗址的全面考古发掘工作正式开始，其成果被评为该年度中国十大考古新发现。发掘工作的时间为 1997—1999 年，历时 3 年，分 3 期进行发掘，发掘面积达 1050 平方米，共发现 300 多座墓葬及多处居住遗址，出土了大量石器、陶器、蚌器、骨器等珍贵文物。

考古学家考察顶蛳山遗址

贝丘的文明密码

顶蛳山遗址出土的石刀

顶蛳山遗址出土的石矛

顶蛳山遗址出土的石斧

顶蛳山遗址考古现场

考古工作者对顶蛳山遗址出土的器物进行登记和整理

经过三次考古发掘，顶蛳山遗址的神秘面纱逐渐被揭开，一群热爱撩螺的古代先民的生活场景展现在我们面前。考古工作者在对顶蛳山遗址进行发掘时，发现地表散落着大量螺蛳壳和贝壳，认为这是先民们留下的。先民们把螺蛳的尖端敲掉，用陶釜煮熟后食用。这种敲掉螺蛳尖端的做法一直流传至今，成为现在南宁乃至广西各地炒螺前的习惯做法。而最早在顶蛳山遗址发现的骨针、骨锥，应该是一器多用，在没有敲掉螺蛳尖端的时候，由于吸食不出螺肉，先民们便使用骨针、骨锥挑出螺肉食用。这充分展现了我们老祖宗撩螺的生动场景，同时展示了他们的文化生活与生存智慧。

顶蛳山遗址地表散落的螺蛳壳

　　顶蛳山遗址：渔猎采集者的天堂

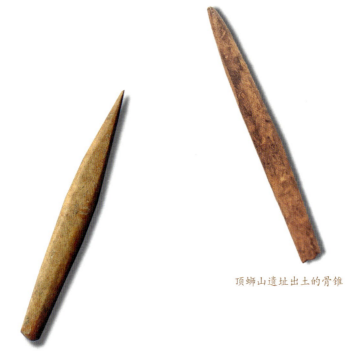

顶蛳山遗址出土的骨锥

顶蛳山遗址出土的骨针

随着顶蛳山遗址不断被挖掘，南宁市委、市政府高度重视该遗址的保护。2001 年 6 月，顶蛳山遗址被国务院公布为第五批全国重点文物保护单位。2018 年 8 月，顶蛳山考古遗址公园（一期）项目建设完成并试运营，12 月正式对外开放。顶蛳山考古遗址公园里的顶蛳山遗址博物馆占地面积 18300 多平方米，是一座以展示新石器时代贝丘文化为主题的博物馆，通过丰富的文物展示和互动体验，让公众可以近距离感受古代文化的魅力。

全国重点文物保护单位顶蛳山遗址保护标志牌

顶蛳山考古遗址公园远眺

顶蛳山遗址：渔猎采集者的天堂

顶蛳山考古遗址公园

贝丘的文明密码

顶蛳山遗址：渔猎采集者的天堂

从打猎到打鱼

◆▶◀◆

　　在顶蛳山遗址的远古时光里，一天早晨，妇女们在顶蛳山附近采集野果，挖取植物茎块，突然看见一只鹿跑过，于是马上回家告诉男人们。几位男子拿着木棒、石斧、石块等工具寻迹而去。他们追了很长一段距离，灌木丛生，体力耗尽，还是没有追上那只鹿，最终让猎物给跑了。他们心想，前两天猎到的麂子肉已经吃完了，今天的食物在哪里？再没有食物，大家都会挨饿。

　　他们开始将目光投向八尺江，江里游弋的鱼、肥美的螺蚌也是不错的选择。当时的烹饪技术比较落后，水生动物腥味较大，烤起来没有陆生动物那么美味，但总比没有吃好。于是，有些人使用渔网，有些人使用鱼镖，有些人使用鱼钩，在八尺江里不停地打捞。傍晚时分，他们的努力换来了丰盛的成果，一条大草鱼以及不计其数的小鱼和螺蚌被打捞起来。他们先将大草鱼、小鱼与螺蚌堆满岸边，然后挑选出心仪的品种带回驻地。夜幕降临，篝火熊熊燃起，大家围在一起开始烤鱼，鱼香四溢。

　　然而，好景不长，天气突变，连续下了几天暴雨，储存的食物越来越少，饥饿的阴影悄然笼罩在每个人的心中。八尺江的河水因暴雨而上涨，变得浑浊不堪，鱼儿仿佛一夜之间消失得无影无踪。捕鱼，这项曾经轻松自如的技能，如今变得异常艰难，甚至有些人一整天都空手而归。打猎，在这样的天气下更是难上加难，野兽们似乎躲进了深山密林之中。面对困境，先民们没有放弃，他们选择了最为稳妥的方式——捞螺蛳和蚌类。虽然这些食物不如鱼肉鲜美，也不如鹿肉和麂肉那般肥美，但是至少能够果腹，让他们免受饥饿的折磨。螺蛳和蚌类虽小，但数量众多，能满足他们的基本需求。随着时间的推移，厚厚的螺蛳壳、蚌壳在顶蛳山堆积成山。

顶蛳山先民们的生活方式经历了从打猎到打鱼的转变，这一历史变迁在遗址出土的动物遗骸中得到了印证。顶蛳山遗址出土的动物遗骸除了有鹿、野猪、鸟、鱼、龟、鳖等，还有丽蚌、田螺、钉螺、环棱螺等大量螺蚌。此外，顶蛳山遗址所处地区为石灰岩丘陵山地，位于我国东部热带季雨林区的北端，呈过渡性热带气候，温暖湿润，植物生长茂密，可供人类食用的植物种类繁多，包括葫芦科、番荔枝科、禾本科、棕榈科和竹亚科等。同时，顶蛳山遗址附近水网密布，鱼、蚌、螺等水生动物资源丰富，为先民们提供了十分丰富的野生食物资源。螺类全年都可以采集，只需站在水中用手撷取即可。对于外壳较坚硬的螺类，可以使用蚌刀等工具来敲开；对于块根茎类的食物，只需用一些简单的工具来挖掘，不需要过多的劳作就能获取一天所需的食物。顶蛳山遗址凭借其优越的生态环境，成为渔猎采集者的天堂。

顶蛳山遗址出土的穿孔蚌刀

到了新石器时代，人们还是以渔猎采集为主，原始农业虽然开始出现，但是还处于初创阶段，生产规模小，种植方法相当原始，发展非常缓慢，却能补充食物来源的不足，特别是在冬季，先民们打猎、捕捞和采集到的食物更少，农作物的收成就显得更为重要了。在遗址中出土大量的水生动物骨骼，以及先民们进行渔猎活动所用的骨质鱼钩和鱼镖，说明了渔猎经济在当时生活中的重要地位。顶蛳山遗址出土不少骨鱼钩，而钓鱼的收获却不稳定，这不禁让人遐想，是不是当时的人类已经把钓鱼当成一种娱乐？这种娱乐方式一直流传至今，而且长盛不衰。

顶蛳山遗址出土的骨鱼钩

自古以来，鱼、蚌、螺是大自然赐予人类的美食。它们在水中悠然自得，却也是先民们餐桌上的常客。在新石器时代，农业的种子才刚刚萌芽，尚未成为食物的主要来源，先民们便将目光投向了那片碧波荡漾的水域。他们捕捞鱼、蚌、螺等水生动物作为主要食物。华南地区优越的地理环境和高温多雨的气候条件，更是为鱼、蚌、螺等水生动物的生长提供了十分有利的环境，因而品种异常丰富，当时的人们在江河中可以随意捕捞到水生动物。

从五岭南北一路延伸至东南亚大陆的广袤地带，仿佛是大自然精心铺设的一幅绚烂画卷。这里温暖湿润，气候宜人，是亚热带与热带交界的宜居之地。当高纬度地区的人们还在寒风中颤抖时，这片低纬度的乐土却早已悄然回暖，动植物们在这里欢歌笑语，呈现出生机勃勃的景象。顶蛳山的先民们在这片富饶的土地上，凭借着敏锐的直觉和灵巧的双手，就能够收获到肥美的螺蚌和飘香的野果。

先民们吃剩的螺蛳壳

顶蛳山遗址的螺蛳堆

　　岁月悠悠，时间转瞬即逝，但顶蛳山人的生活节奏似乎从未改变。从顶蛳山遗址中发掘出的那些简单而质朴的工具，仿佛都在诉说着一个永恒的故事——在这片土地上，渔猎采集始终是先民们的生存之道。这些工具不仅是他们劳动的见证，更是顶蛳山人智慧与适应自然能力的象征。即便时代变迁，人与自然和谐共生的基本方式在某个角落依旧延续着。

神秘奇特的埋葬习俗

◆▶◀◆

在顶蛳山这片神秘的土地上，墓葬是最重要的遗存，也是考古发掘中重要的收获之一。这些墓葬就像时间的守护者，静静地躺在那里，等待考古工作者拨开层层岁月的尘埃。

顶蛳山考古遗址公园墓葬复原展示

顶蛳山遗址墓葬区

顶蛳山遗址：渔猎采集者的天堂

考古工作者在顶蛳山遗址中共发现 300 余座墓葬，包括个体人类遗骸 400 余个。从三次发掘结果来看，顶蛳山遗址的墓葬主要集中在遗址的中部，在长约 60 米、宽约 10 米的范围内从北往南呈带状分布，这说明当时已经有了公共的氏族墓地。这些氏族墓地大部分为单人葬墓，少数为合葬墓，最大的合葬墓有个体人类遗骸 7 个。葬式为屈肢葬和肢解葬。

　　四肢弯曲的屈肢葬是顶蛳山遗址最主要的葬式，占墓葬总数的 80% 以上，包括仰身屈肢葬、俯身屈肢葬、侧身屈肢葬和屈肢蹲葬等四种形式。尽管葬式相同，但是形态各异，如早期的屈肢葬仅屈下肢的小腿部分，晚期的屈肢葬则屈蜷缩成一团。

　　人们为什么要实行屈肢葬呢？我国考古学者高去寻曾对黄河下游神秘的屈肢葬展开深入的研究。他曾总结出四种关于屈肢葬的观点：一是有人认为先民们企图节省墓内空间或劳动力，将尸体屈肢，所占的地方便可缩小；二是有人认为屈肢是合乎休息或睡眠的自然姿态；三是有人判定这种姿态是用绳绑起来的，可以阻止死者灵魂走出，向生人作祟；四是有人认为这种姿势像胎儿的样子，象征着人死后又回到他们所生的地方。

　　目前，国内外学术界对屈肢葬的解释大致归纳为上述四种理由。不可否认，上述四种理由在近现代世界民族资料中似乎都可以找到一定的依据，但是每个民族的文化不同，民族信仰相当复杂，想象力更是天马行空。我们不能简单地用现代人的思维套用在那些古老的考古现象上，哪怕是在不同地方发现相同的屈肢葬，它们背后的故事也可能大相径庭。

贝丘的文明密码

顶蛳山遗址的仰身屈肢葬

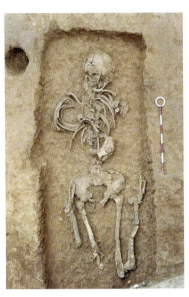
顶蛳山遗址的俯身屈肢葬

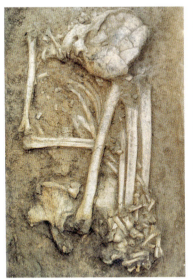
顶蛳山遗址的侧身屈肢葬

顶蛳山遗址的屈肢蹲葬

顶蛳山遗址：渔猎采集者的天堂

顶蛳山遗址的屈肢葬就像一个等待解开的谜题。它或许与广西各地的同类葬俗共享着同一个文化密码，这个密码的钥匙可能就藏在现代广西及周边民族的日常生活中，藏在古老习俗的智慧与奥秘中。

我们知道，人自然死亡后，身体四肢是伸直的。而史前人类如何将死尸装殓成屈肢姿势？若要将死尸装殓成屈肢姿势，就必须借助人力的作用。考古学家在考古现场找不到依据，但其具体方法可以从民族学材料中找到参考依据。凡行屈肢葬时，尸体必须在未冷却前用绳子或布条、藤蔓等捆绑成屈肢状，特别是屈肢蹲踞姿势，如果没有预先捆绑，则很难自然形成屈肢姿势。这种处理尸体的方法在民族学材料中有很多实例，如广西天峨和隆林壮族、云南纳西族、四川普米族、台湾高山族，这些实行屈肢葬的民族，在尸体还柔软的情况下用绳索捆绑，有些可能还在人尚未完全断气的情况下捆绑。屈肢蹲葬因为蜷曲很厉害，双膝抵至胸部，说明在捆绑时使用了现代人认为非常残忍的强迫手段。他们为什么这样对待自己的亲人？这大概是受到某种宗教信仰意识支配所导致的。

顶蛳山遗址的另一种葬式是肢解葬。肢解葬是将人体从关节处肢解，分别放置在墓中的一种葬式。这种葬式与二次葬有较大差异，应该是在死者软组织尚未腐烂时有意肢解、摆放而成的。顶蛳山遗址多数肢解葬墓葬中没有随葬品，少数有随葬品的墓葬也仅有一两件石器、骨器或蚌器。

考古学家对顶蛳山遗址进行三次发掘，发现在墓葬中大部分是屈肢葬，另有 30 余例是肢解葬，肢解葬约占墓葬总数的

10%。目前，顶蛳山遗址的面积尚未全面揭开，即使全面揭开，估计肢解葬的占比也不会再增加。

在遥远的古代，顶蛳山遗址藏着一个不为人知的秘密——那些实行肢解葬的大多数墓主们，或许曾是战场上英勇的战士，或许曾是械斗中的不屈斗士，也或许是在某个不经意的瞬间遭遇了无法预料的悲剧。虽然目前考古学家还未完全揭开30多位肢解葬墓主的性别与年龄的谜团，但是已有两位墓主的信息被成功解锁，他们都是年轻力壮的男性。考古学家猜测，顶蛳山遗址的肢解葬墓主应当以青壮年男性居多。

这些小伙子们在生前可能是部落里的超级英雄。他们是田野上的耕耘者、森林里的狩猎高手、河流中的捕鱼达人，更是部落对外战争中的铁血战士。他们用自己的力量，守护家园，狩猎食物，也书写着属于自己的传奇。然而，超级英雄也有落幕的时候。或许在一场激烈的战斗中，他们倒下了；或许在一次渔猎探险中，他们遭遇了不幸。当他们的尸体被族人发现，准备运回部落安葬时，却发现尸体已经僵硬、挺直，无法再摆出传统的屈肢葬姿势。这时，智慧的族人想出了一个特别的办法，决定先将他们的尸体肢解，然后再按屈肢的姿势埋葬，让英雄们以一种特殊的姿态，继续守护着这片土地。

广西文物保护与考古研究所李珍教授认为，由于目前缺乏详细的生物考古学研究，特别是缺乏个体的病理和创伤研究，还不能推断顶蛳山这些肢解葬的墓主全部是因战争或意外伤害而死亡的，但顶蛳山的肢解葬应为一次葬，许多个体并非被摆放成屈肢状，其形态还有待进一步分析。顶蛳山遗址是目前广

顶蛳山遗址的肢解葬

贝丘的文明密码

西史前文化遗址中发现墓葬最多的一处，而且葬式独特，尤其是肢解葬，为过去考古中罕见，相似的肢解葬在世界其他地区也甚少发现。

顶蛳山遗址既有身体蜷曲的屈肢葬，又有骨骼零散的肢解葬。有人猜测，这可能是因为顶蛳山的先民们来自不同的民族，有着各自的丧葬传统，像澳大利亚新南威尔士州的 12 种葬法那样，一批又一批的民族迁移至那里，各自保留着独特的告别方式。美拉尼西亚群岛的情况也是如此，不同的葬俗仿佛是一张张从不同地方移民的"文化名片"。

但也有人对此持不同意见，他们觉得在同一个大家庭里，可能同时存在两种葬俗，就像古印度的梨俱吠陀时期，火葬和土葬并行不悖，大家各取所需。又或者是，顶蛳山的先民们并非来自五湖四海，而是出于不同的情感表达或社会习俗，选择了不同的告别方式。

顶蛳山遗址的墓葬遗骸经历了几千年风霜，依然保持着惊人的完好，这一切应归功于那些看似平凡却又充满神秘感的螺蛳壳大军。顶蛳山遗址保存着大量的螺蛳壳，而螺蛳壳的主要成分是碳酸钙。碳酸钙极易与土壤中的酸性物质发生化学反应，可在局部范围内使贝丘堆积环境中的酸碱度趋于平衡，因而有利于遗骸的保存。

当考古学家轻轻拂去顶蛳山遗址历史的尘埃时，一具具保存较好的人类遗骸逐渐展现在眼前。它们不仅是广西最完整的史前珍贵人骨资料，而且还是连接过去与未来的桥梁。这些遗骸的发现，填补了广西史前体质人类学研究的空白，让我们得以窥见那个遥远时代的人类面貌，同时也带来了关于广西史前人类体质、种属乃至与东南亚史前人种关系的珍贵线索。顶蛳山遗址表现出的独特埋葬习俗和丰富的文化内涵，为研究当时当地的社会结构和风俗习惯提供了极为重要的资料。

陶器：无关于农业

◂ ▸▸

　　在遥远的顶蛳山早期时光里，先民们刚刚解锁了制作陶器的神奇技能，就像初次尝试烘焙蛋糕的孩子。他们的作品虽然粗糙、笨拙，但是却满载着探索的喜悦。那时候的陶器就像穿上厚重盔甲的小战士，外表粗犷，身材敦实，样式单一，像是家庭聚会上的统一着装。

　　顶蛳山遗址发掘的陶器数量较少，主要有圜底罐和釜形器，不见平底器和圈足器。制作这些陶器的材料是夹杂着粗石英颗粒的陶土，泥质陶还未出现。每一件陶器都由先民们手工打造，内壁还保留着制作者手指按捺的痕迹。陶色比较单一，基本是灰黄陶，陶胎为黑褐色。由于先民们对火候掌握还不够熟练，因此器壁厚薄不均。

　　到了中期，陶器的制作技艺开始有了进步。陶器以夹砂粗陶为主，开始用篮纹、粗绳纹来简单装饰器表，使器物看起来多了几分精致。器类也丰富起来，有直口、敞口、敛口的圜底罐以及深腹的圜底釜和高领罐。到了晚期，陶器多夹细砂，纹饰有细绳纹、多线刻划纹。器类开始增多，主要有高领、圜底

顶蛳山遗址出土的陶器

的罐和釜，圈足或带耳的罐、杯等。

　　考古工作者发现，顶蛳山遗址出土了 20 多件相对完整的陶器，其数量是在广西新石器时代遗址中发现最多的。史前遗址中发现的完整陶器数量很少，这是因为当时陶器刚刚发明，烧成火候低，使用时极易破碎，考古发掘时往往只能找到陶器残片，完整的陶器很罕见。然而，在顶蛳山的考古发掘中，却意外地出土了 20 多件相对完整的陶器，尤其是在第二次发掘中，更是发现有 10 余件完整的陶器堆放在一起，这让考古工作者倍感振奋，也为研究史前陶器制作技术和使用方式提供了重要的

顶蛳山遗址出土的双耳陶罐

实物资料。

早期陶器的出现应该与农业的产生没有关系，为什么这么说呢？考古工作者从考古发掘的遗存来看，在顶蛳山遗址前三期文化堆积中并没有发现任何稻属植硅石，而在顶蛳山遗址第四期文化堆积中则发现了一定数量的属于栽培稻的稻属植硅石，说明距今6000年左右稻属植物才进入顶蛳山人的生活。

从形态上判断，这些稻属植硅石应该属于栽培稻遗存，由此可见，以稻作为特点的农业生产方式最早在第四期出现在这一地区。第四期突然出现稻属植硅石，而且数量比较可观，这说明栽培稻和稻作生产技术有可能都是从其他地区传入的，这种生产方式的突变有可能是与其他地区文化交流的结果。因此，顶蛳山陶器的出现与农业无关，而应与人们的定居有很大关系。当人们安定下来，不再四处漂泊时，就需要储存粮食、取水、蓄水、烹煮食物。这时候，陶器就像贴心的小帮手，能满足人们的需求。它让食物得以保鲜，让水源更加安全，更让餐桌上的美食香气四溢。

　顶蛳山遗址：渔猎采集者的天堂

干栏式建筑开始流行

◆▸◂◆

　　我国北方黄土高原的土壤呈垂直节理结构，壁直立而不易塌陷，气候相对干燥，适合挖洞居住。而我国南方的地理环境复杂，气候多变且潮湿，早期先民们为了躲避夏季的雨水、冬季的寒风，选择居住在冬暖夏凉的洞穴里。可在没有洞穴的地方，为了免受虫、蛇咬伤以及潮湿的气候环境影响，先民们则选择用树枝、茅草等在树上筑巢而居，巢居便应运而生。据说，巢居的发明者是有巢氏，后来住在树上的人也被称为有巢氏。最初的木巢是在一棵树上盖房的，随之发展为多木巢，即在相邻的四棵树上盖房，之后发展为干栏式建筑。

　　干栏式建筑是一种在地面上竖立木柱，然后在木柱上构筑屋架，并盖上屋顶而形成的双层建筑。干栏式建筑的房屋不再简单地与地面相连，而是被巧妙地抬高，既能避免地面的潮湿与虫、蛇的侵扰，又能呼吸来自四面八方的清新空气。走进干栏式建筑的房屋，你会发现这是一个充满智慧与便利的世界。楼上是温馨、舒适的居住空间，家人围坐，欢声笑语。而楼下则是一个多功能的储藏室，储存着一年四季的丰收喜悦，还有

干栏式建筑复原图

一些活泼可爱的小动物，它们在这里找到了安全的避风港。

　　干栏式建筑不仅是我国南方地区构木为巢居住模式的典范，更是人类建筑史上的一大飞跃。它标志着人们开始摆脱对自然环境的完全依赖，通过砍伐树木、立柱盖房的方式，创造出更加宽敞、舒适且适应多种气候条件的居住空间，充分展现了古人类在建筑领域的智慧和创造力。

　　考古学家在顶蛳山遗址中发现，顶蛳山先民们巧妙地规划他们的聚落，将其划分为居住区、墓葬区和垃圾区三部分。其中，位于西部的垃圾区堆积着大量食用后遗弃的动物遗骸以及各式各样的人类生产工具和生活用具。这些遗物从东到西逐渐增厚，说明先民们在遗址的活动从居住区开始，由近到远。

位于东北部最高处的居住区，是先民们智慧与勤劳的结晶。考古工作者在这里发现22个柱洞，其中14个柱洞分3排呈南北向排列，南北长13米，东西宽6米。柱洞直径14～33厘米、深9～45厘米。根据柱洞排列及其构造，此处应为长方形干栏式建筑遗迹。这是目前广西考古发现年代最早的史前干栏式建筑遗迹，表明早在七八千年前，顶蛳山先民们已经掌握修

顶蛳山考古遗址公园干栏式建筑复原

贝丘的文明密码

建干栏式建筑的技术。遗址中那些有规律的成排柱洞，在广西史前考古中首次得到确认，成为我国南方通过考古发现来确认史前人类居所建造形式的重要依据。

最早发现的干栏式建筑遗迹是在浙江余姚河姆渡文化遗址，后来在珠江三角洲地区也有发现，遍布我国南方乃至东南亚地区。而顶蛳山遗址的干栏式建筑遗迹的发现，说明岭南地区干

顶蛳山遗址：渔猎采集者的天堂

栏式建筑比河姆渡出现得早，这为研究干栏式建筑发展史提供了很好的考古学资料。干栏式建筑是先民们在适应自然环境的基础上的创造性发明，在华南地区一直流传下来，到现在广西的壮族、瑶族、苗族、侗族地区依然非常流行。

豹子头遗址：
邕江史前文明的摇篮

豹子头遗址是邕江史前文明的重要体现，考古学家在此揭开了 1 万年前古人类生活的神秘面纱。这里螺蛳壳遍地，蚌器闪耀，石器、骨器诉说着渔猎的辉煌，彰显着古人类的智慧。原始制陶遗迹中，红色陶土与石英交织，展现古人类的制陶技艺。豹子头遗址是古人类生活艺术的生动展现，这里的一草一木、一石一器，都在低声诉说着那段遥远而辉煌的岁月，让人不禁沉醉于那古老而又神秘的历史长河之中。

1万年前吃剩的螺蛳壳

♦▸◂♦

豹子头遗址在哪里？如果你从毛泽东 1958 年在邕江冬泳下水的地方，乘船顺流而下，看到左岸突起一座高出水面约 20 米的小山，那就是豹子头遗址所在地。豹子头遗址位于邕江最大的拐弯处，东北面为背刀岭、崩塘岭等低矮的小山丘，小山丘上植被郁郁葱葱；东南面沿岸为一片较开阔的平地，濒临邕江，背风向阳。这是一处适合原始人类狩猎、采集、捕鱼的好地方。

揭开豹子头遗址的面纱有点偶然，这与广西医科大学的师生有很大关系。1964 年的春天，广西医学院（今广西医科大学）的师生来到柳沙园艺场，在一处名叫豹子头的地方挖坑种树。当他们往下挖掘时，竟然发现地下埋着白色的螺蛳壳。有一位细心又负责任的老师在现场还采集到磨制石器、残缺陶片等遗物，于是便向时任广西医学院副院长方中祜教授汇报。方中祜教授是一位德高望重的知名学者，与广西壮族自治区博物馆的一位考古工作者有着深厚的友谊，于是第一时间向广西壮族自治区博物馆提供了这个信息。那时，广西壮族自治区博物馆还没有馆长，由副馆长李予同主持全面工作。李予同是一位老干部，非常喜欢字画，结识了一些爱好书法篆刻的朋友，当时的南宁市委副书记范清涛便是其中之一。有一天，他与范清涛相约，带领以广西考古界的元老蒋廷瑜为首的一群广西壮族自治区博物馆考古工作者，乘船顺流而下，来到豹子头进行实地考察。

豹子头山上原有一座三界庙，是旧社会船夫们来往南宁时烧香祈祷的地方。当时三界庙已荡然无存，地面长满青竹、蟠

豹子头遗址

桃和翠柳，郁郁苍苍。在2015年第三次发掘豹子头的时候，三界庙已经重建。在紧靠河岸的东北坡散布着一大片粉白色的螺蛳壳和蚌壳。只要细心观察，就会从这些螺蛳壳、蚌壳之间找到一些磨光刃口的石斧、石锛和残破的石器，采集到用动物长骨制成的精巧骨锥和骨针，用大蚌壳切割琢磨成的穿孔蚌刀，还有夹着粗砂的陶器残片，这些都是古人类劳动和生活遗留下来的。在豹子头遗址的一些断面还发现人类遗骸，可见有可能存在古墓葬。这些证据表明，豹子头遗址是一处重要的原始文化遗址。

豹子头遗址的第一次发掘，与广西考古界的元老蒋廷瑜有很大关系。蒋廷瑜1964年毕业于北京大学考古系，是当时不可多得的考古专业人才。据蒋廷瑜回忆，他曾参与1973年在广西

豹子头遗址散布的螺蛳壳

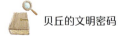

贝丘的文明密码

扶绥举办的一次考古训练班教学。在训练班教学结束后，训练班安排学员到野外实习一段时间，其中一处实习地点就在南宁的豹子头。

1973年9月的一天，蒋廷瑜带领一批学员来到柳沙园艺场那坝村安营扎寨，开始对豹子头遗址进行考古发掘。这是豹子头遗址的第一次考古发掘。从那坝村到豹子头遗址需要步行约15分钟。在发掘的一个月时间里，他们每天迎着朝阳，穿过硕果累累的橘子林，到达考古现场，把汗水洒在这片沉睡万年、堆满螺蛳壳的土地上。傍晚，他们提着蚌器、石器、陶片、螺蛳壳等出土文物回到驻地，晚饭后还要整理探方记录，清洗、登记标本。

豹子头遗址出土的蚌器

学员们沿着河岸，首先按正南、正北方向挖开 4 个探方，然后从地表一层一层往下挖掘，每天都有新的发现。从挖掘出来的螺蛳壳和兽骨可以推测，当时邕江河面宽阔，支流众多，附近有大面积的水域，水里螺、蚌、龟、鳖、鱼、虾随处可见；稍远处，高低起伏的山岭，有茂密的丛林，飞禽走兽成群结队，奇花异果一年四季不绝。人类的食物来源丰富，且多种多样。在远古时代，生产力水平低下，人们利用石头制成简单的石器，与大自然做斗争。人们上山围猎，同时也采集可食植物的根、茎、叶、果作为食物；人们下河捕鱼，或捞取螺、蚌、龟、虾等。从考古出土的兽骨分析，当时能捕获的野兽，有形体巨大的象和犀牛，有生性凶猛的虎、豹、野牛、野猪、豪猪，有行动敏捷的鹿、麂、獾，还有大量的竹鼠等。从水中捕捞的鱼，大的重 20 ～ 25 千克；捞到最大的蚌壳，长在 30 厘米以上。

　　考古队员把从地层中采集到的螺蛳壳、蚌壳送到中国社会科学院考古研究所做碳 –14 年代测定，结果测得的年代是距今10720 年。也就是说，生活在豹子头的古人类，距今有 1 万年以上的历史。

　　随着时间的推移，1997 年 11—12 月，为进一步了解豹子头遗址的堆积情况及文化内涵，中国社会科学院考古研究所广西工作队与广西壮族自治区文物工作队、南宁市博物馆联合开展为期两个月的发掘工作，发掘面积近 200 平方米。这是豹子头遗址的第二次考古发掘。此次发掘，最重要的收获是发现了原始制陶遗迹。原始制陶遗迹发现于遗址堆积的底部，距离现今地表约 3 米，主要分布于 T127、T128 等几个相邻的探方中，

1997年豹子头遗址发掘现场

基本处于同一深度，分布范围连成一片，应为同一时期的人类活动面。

考古工作者在T128探方西壁附近发现一堆直径约40厘米、近圆形分布的已经调和好的陶土。这些陶土为红色黏土，羼和料为较粗的石英石颗粒，其东北部为一片经火烧黑的碎螺蛳壳。蚌壳、蚌器、陶器、陶片、红烧土、兽骨、龟甲等分布相对集中且密集，部分遗物及螺蛳壳经火烧后呈黑色。豹子头遗址用火痕迹十分明显。为了原地保存这一重要的原始制陶遗迹，同时保护这一活动面的完整性，考古工作者除了采集已经调和好的少量陶土，还对相关资料进行收集，并用细沙浅层覆盖后进行回填。

豹子头遗址出土的蚌器

　　豹子头遗址的第三次考古发掘是在 2016 年 2—7 月，为配合邕宁水利枢纽工程建设，广西文物保护与考古研究所、南宁市博物馆联合开展豹子头遗址抢救性考古发掘工作。此次发掘共布设探方 80 个，实际发掘面积 2000 多平方米。考古工作者在遗址发掘区北面的文化层底部发现一处人类活动面，距现今地表约 3 米。活动面分布着密集的螺蛳壳、蚌壳、蚌刀、陶片、红烧土、兽骨等遗物，部分遗物经火烧后呈黑色。在 TS02W03 探方西壁附近发现一些已经调和好的陶泥，这些陶泥均为红色黏土，夹杂石英颗粒羼和料，颗粒较粗且均匀。在陶泥的东南面发现炭粒，其正北方不远处分布着一片经火烧过呈灰黑色的碎螺蛳壳，西南、东北各分布着一堆陶片，陶片呈灰黑色，羼和料为石英颗粒，陶片严重软化、破碎。在活动面北侧中部也发现一些陶泥。这些陶泥与第二次发掘的陶泥在同一层位，应是原始制陶遗迹的一部分。

豹子头遗址地层的螺蛳壳和兽骨

载负年年有余的愿望

◆▶▶◀◆

贝丘遗址的先民们大多生活在水边，主要依靠捕捞螺、蚌、鱼、虾等水产资源作为主要食物来源。在长期捕捞水产资源的过程中，他们曾对鱼、蚌的生长繁殖进行仔细观察，并对其生活习性十分了解。

先民们要进行渔猎活动，必须有渔猎的工具。在豹子头遗址中，考古工作者不但发现大量鱼骨、鱼牙、龟壳，而且还发现石网坠、蚌网坠、骨鱼镖、骨鱼钩和蚌刀，说明先民们曾结网捕鱼，而且往往收获较多。每当河水清澈，他们便用骨鱼钩垂钓；在鱼群聚集的季节，网坠和鱼镖则成了他们丰盛晚餐的得力助手。鱼是先民们最熟悉的水生动物，又是他们赖以生存的主要食物来源。先民们对鱼的依赖与亲近，竟然在日常使用的生产和生活工具中得到巧妙的体现。他们把对鱼的形象刻画下来，制作出各种类型的蚌刀。

蚌刀是先民们匠心独运的杰作，分为穿孔和不穿孔两种。其中，穿孔蚌刀酷似鱼头，特别有趣。在豹子头遗址发现的大量蚌刀，其制作材料是较大的三角形蚌壳，制作方法是先将蚌

豹子头遗址出土的穿孔蚌刀

壳的背部和后端切割，留下前端主齿齿窝以下至腹缘部分，然
后经过细致的修磨，使其呈现出完美的三角形。先民们利用前
闭壳肌痕前端突出部分作柄，在与柄相对的一边磨出单刃口，
并巧妙地钻出圆孔，一般一器一孔，少数穿两个孔。在蚌壳最
厚的一端敲打磨制成内凹或尖凸的弧状，使其形似张开或闭合

的鱼嘴。穿孔的部位恰似鱼眼，整个器物的外形极似一个鱼头，因而又称为鱼头形蚌刀。鱼头形蚌刀是一种既实用又耐人寻味的艺术品，每当手握这些鱼头形蚌刀，仿佛能听到远古的涛声。

豹子头遗址出土的鱼头形蚌刀

考古工作者不仅在豹子头遗址中发现大量鱼头形蚌刀，而且还在顶蛳山遗址及邕江两岸的其他贝丘遗址中发现鱼头形蚌刀，它是顶蛳山文化遗址普遍存在的一种独特的文化因素。造型别具一格的鱼头形蚌刀，与一般的蚌刀相比，其文化内涵和社会功能较为丰富。鱼头形蚌刀应该是一种实用的生产工具，其加工与制作源于当时特殊的生活环境以及人们长期采集渔猎的生活实践。当时人们把穿孔蚌刀加工制成鱼头的形状，蕴含着人们对鱼的崇拜，是人们祈求生产丰收、年年有鱼、生活富足的美好愿望。

贝丘的文明密码

在新石器时代遗址中发现的渔猎工具主要有鱼镖、鱼钩和网坠等。其中，鱼镖、鱼钩一般用动物骨骼制成；网坠一般用石头或蚌壳磨制而成，无需繁杂的加工。先民们制造的劳动工具，开始时都是一器多用，随着劳动实践经验的不断丰富，劳动工具也逐渐走向分化，直至出现专门的工具。劳动工具发展至专用性，主要取决于劳动对象的多样化，如鱼镖、鱼钩都是捕鱼的专用工具。

在这些工具发明以前，人们或是徒手在水中捕鱼，或是用简陋、粗糙的砍砸石器、天然石块、木棍之类敲击水中游鱼，其收获之少显而易见。之后，人们根据鱼的生活习性和特点，发明了鱼镖、鱼钩和网坠。有了它们，就可以站在岸上捕获水中的游鱼，这要比下水捕鱼轻松、快捷得多，也是其他劳动工具不能代替的。

鱼镖、鱼钩和网坠这三种工具的作用各不相同。鱼镖可以直接投刺水中游动的鱼类，是当时一种先进的捕鱼工具。在甑皮岩遗址中，一件用动物长骨制作而成的鱼镖引起了考古工作者的关注。它的两侧巧妙地制成 3 个不对称的倒钩，这些倒钩经过锯切与磨尖，变得锋利无比，能直击深水中游弋的鱼儿。

相较于鱼镖的勇猛，鱼钩则显得更为温婉与狡黠。它静静地躺在江河之中，诱饵在其上轻轻摇曳，等待着鱼儿那不经意的一瞥与心动。然而，现实往往比想象更为复杂，许多聪明的鱼儿对这份诱惑视而不见，它们在水中自由穿梭，仿佛在嘲笑人类的计谋。因此，尽管鱼钩垂钓充满了诱惑，但是在捕鱼效率上，却常常令人扼腕叹息。

而网坠，号称捕鱼界的效率之王，先民们只需将其系在渔网上，让渔网在水中稳稳下沉，即可收获无限惊喜。它就像一位忠实的守护者，静静地等待着鱼儿们的到来。当先民们轻轻挥动着渔网，那张巨大的渔网便可将水中的生灵一一捕获。网坠的出现，不仅大大提高了先民们捕鱼的效率，更让人类在与自然的互动中找到了一种更为和谐的方式。

豹子头遗址出土的蚌网坠

相传，智慧的先民们还发明一种既原始又充满智慧的捕鱼方法——围堰捕鱼。他们用树枝或石头在河流中建起围堰来捕捉鱼儿。有的围堰立于湍急的河流之中，有的围堰则延伸至海滩边缘，随着河（海）水的退去，那些被河（海）水轻轻推送的

鱼，不经意间便落入了先民们精心设计的陷阱，成为美味的佳肴。从现在看来，尽管使用渔网来捕鱼更高效，但是在那个时代，围堰捕鱼以其独特的方式，捕获的鱼量往往更胜一筹。然而，围堰捕鱼在时间的洪流中却没有留下太多的痕迹。当考古学家试图揭开那段神秘的历史面纱时，他们发现的往往是那些静默的鱼镖、鱼钩及沉甸甸的网坠。

你知道吗？捕鱼，这项看似简单的活动，在古代的重要性可能远超我们的想象。在那个生产力尚不发达的时代，单位面积的捕鱼产量竟然远远超过了狩猎和采集，捕鱼成为先民们赖以生存的重要来源。鱼类，这些水中的精灵，以其惊人的繁殖力和生长速度，慷慨地馈赠人类。在一些古老的遗址中，考古学家发现巨大的鱼牙和鱼骨，它们静静地躺在那里，仿佛在诉说着那些曾重达几十斤，甚至上百斤的巨大鱼儿，是如何成为先民们餐桌上的骄傲的。

据报道，加拿大布鲁克大学生物学家斯蒂芬·坎南曾说过，人类的祖先曾以鱼类和甲壳纲动物为主要食物，因为它们可以提供人类大脑所需的多不饱和脂肪酸。鱼类的多不饱和脂肪酸在当时是促进大脑迅速发展的理想养分。人类大脑除体积大外，另一特点是能耗高。斯蒂芬·坎南认为，新生儿体内脂肪的含量较高，约占体重的14%，这种储备可以满足大脑的能耗。现代人类的婴儿之所以天生具有较高的脂肪储备，是因为古人类的母亲大量食用鱼类。受古人类长期食用鱼类的影响，到了新石器时代，古人类大脑的发育与现代人没有太大差别。实际上，鱼类在古人类饮食中扮演着重要的角色，直到今天依然如此，鱼依旧是我们餐桌上的美味佳肴。在我国悠久的历史文化中，鱼是吉祥的象征，"鱼"的发音与"余"相同，象征着生活富足，每年都有多余的财富和食粮。

红色陶土与火的印记

◆▶◀◆

陶器在史前人类的生活中占有十分重要的地位，是新石器时代开始的主要标志之一，也是衡量新石器时代人类发明创造和技术进步的主要指标之一。陶器制作工艺的产生和发展，不仅表明史前工艺技术的演变，而且还说明经济形态的变化。广西最早发现的原始制陶遗迹则在豹子头遗址。

豹子头遗址第一次发掘出土的陶片都夹着粗砂，在羼和料中还有蚌壳粉末。胎质显得疏松，很容易破碎，因而找不到完整的陶器。陶片的颜色主要是灰褐色，也有黑色、外红内黑、外灰内红等。外表布满粗细的绳纹。考古工作者在发掘地层采集的许多陶片中挑选一些有代表性的陶片，寄往河北唐山陶瓷研究所做陶器烧成温度的测试。测试结果表明，烧成温度只有800℃，这说明当时的陶器是采用露天平地焙烧而成的，所以火候不高。据推测，由于受火面不同，器表呈现各种颜色。

真正揭开豹子头遗址陶器制作工艺面纱的是第二次考古发掘。此次考古发掘发现了原始制陶遗迹。制陶遗迹连成一片，并处于同一深度，距离地表约 3 米。在豹子头遗址第三次考古发掘时，考古工作者在遗址发掘区北面的文化层堆积底部发现一处人类活动面，距现今地表约3米，与第二次考古发掘处于同一层位，应是豹子头遗址早期的制陶遗迹。

豹子头遗址出土的陶片

考古工作者对豹子头遗址进行了三次考古发掘，不仅在北面的文化层堆积底部发现并确认一处古人类活动面，而且还发现并保存一处当时较为完整的原始制陶遗迹。这些收获和成果填补了邕江流域贝丘遗址制陶工艺的空白，同时丰富了顶蛳山文化的内涵，为探索邕江流域乃至华南地区早期贝丘遗址的文化面貌提供了基础资料，为了解广西史前文化的内涵、特征及发展序列等提供了重要资料。这三次考古发掘还有助于考古工作者了解陶土、羼和料等制陶原料的选择及其来源。考古工作者在清理已经调和好的陶土时发现，其物理成分包含红色黏土和大小不均匀的粗石英颗粒，与伴出陶器的原料一致，应是当时在制作陶器现场所剩余的遗物。

在豹子头遗址发现的制陶遗迹

在发掘工作之余，考古工作者还对周边地区进行了考古调查。他们在豹子头遗址附近发现与出土的制陶原料相类似的红色黏土和石英质砾石。这类红色黏土黏性大、质地纯，是理想的陶土原料。石英质砾石采集回来后，一经砸碎，即可作为陶土的羼和料。由此可以断定，当时制陶的原料均源于遗址周围的山地。羼和料使烧制的陶器不容易破碎，这为考古工作者分析研究当时陶器的焙烧方法提供了线索。根据制陶遗迹处于一个相对平整的活动面这一现象，并结合当今一些少数民族制陶的有关资料进行分析，当时人们应该是在活动面上，利用居住地周边随处可得的陶土及羼和料，采用露天平地焙烧的方法来制作陶器的。

从发掘的制陶遗迹分析，当时制陶工艺流程包括原料制备、坯体成型、坯体修整、坯体装饰、陶器烧制，大体上可分为制作与烧制两个阶段。在制作阶段中，最难解决的问题是坯体成型工艺。坯体成型是将泥料制成坯体，使之达到所需的形状。我国古代陶器的成型方法有手制、轮制、模制三种。其中，手制出现于新石器时代早期，即用手捏制而成，如泥条盘筑，就是原始的制陶成型工艺之一，豹子头遗址、顶蛳山遗址、凌屋遗址等早期制陶就是采用这种方法。轮制出现于新石器时代晚期。模制则出现于铜石并用时代早期。轮制和模制都是由手制演变而来的，三者之间既有密切的关系，又有明显的界限。

豹子头遗址原始制陶遗迹的发现，在广西乃至华南地区尚属首次。这不仅解开了史前陶艺的谜题，更为考古工作者提供了一个洞悉古代世界的窗口。透过豹子头遗址原始制陶遗迹，仿佛能听到千年前陶轮转动的声音，看到先民们精心雕琢陶器的身影。

石器、蚌器与骨器的富集地

通过对豹子头遗址进行三次发掘，考古工作者发现出土的器物主要有石器、蚌器与骨器，且数量众多。他们对豹子头遗址进行第一次发掘时发现，只有第三层为文化层，出土的石器类型主要有石斧、石锛、石杵，这些看似简单的工具，却是先民们砍伐、挖掘、加工食物的重要帮手。砍砸器数量虽然稀少，但是透露出先民们面对大自然的勇敢与智慧。遗址中出土的蚌器，如蚌刀、蚌网坠，不仅体现了先民们对自然资源的有效利用，而且还展现了先民们精湛的手工技艺。遗址中出土的骨器，如骨鱼钩，让先民们能够轻松捕获水中的美味，享受着大自然的馈赠。

当考古工作者再次踏上这片土地，进行第二次发掘时，他们发现了更多令人惊叹的秘密。早期文化遗存中的石器，虽然数量不多，但是打制石器与磨制石器并存。磨制石器是新石器时代的重要发明，石器经过磨制变得更加锋利、耐用。石斧、石锛等通体磨制的石器，刃部更是精细无比。蚌器在这次发掘中大放异彩。数量众多的蚌刀，绝大多数都被磨制得很精致，

豹子头遗址出土的磨制石器

其中穿孔蚌刀的数量较多，而蚌网坠只有1件，这件简单的蚌网坠是在蚌壳上敲出一个孔而制成的。骨器仅见6件骨锥，虽然数量不多，但是每一件都透露出先民们的匠心独运。

考古工作者深入豹子头遗址的晚期文化层，在这里，他们发现石器均无一例外地经过了磨制。石锛与石斧的数量之多令

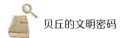

人咋舌，石锛有 50 件，石斧则达到了 110 件。它们是古代工匠手中的利器，用于砍伐、挖掘，用途非常广泛。而那些砺石与锤则是石器时代工匠的工具，它们默默地见证了无数石器的诞生与蜕变。晚期文化层中的蚌器，依旧璀璨夺目。蚌刀与蚌网坠是蚌器的主要形态，其数量之多，足以让人惊叹。蚌刀有520 多件，每一件都像精心雕琢的艺术品，其中穿孔蚌刀占据了绝大多数。穿孔蚌刀和不穿孔蚌刀均被打制成鱼头形，别有一番风味。此外，还有 22 件网坠，个体小巧，简单实用。晚期文化层中，骨器、牙器数量较多，器类丰富，有骨锥、骨针、骨镞、骨矛、牙锥等，其中骨镞的数量最多，少数骨镞制作精巧，多数骨镞磨制粗糙且不完整。牙锥由动物犬牙根部加工而成，通体磨光成锥状，上端仍可见牙齿表层的釉物质。可以想象，在那星光点缀的夜空下，一群远古的先民们围坐在篝火旁，正在大快朵颐地享受着今天捕获的猎物。饱餐之后，他们没有丢弃吃剩的骨头，而是巧妙地敲骨吸髓，将其变废为宝。在先民们灵巧的手中，这些原本无用的骨头摇身一变，成了锋利的骨锥、尖锐的骨针以及其他精巧的骨器。

考古工作者对豹子头遗址进行第三次发掘时，发现早期文化层里蚌器数量较多，且磨制精细。在那个遥远的年代，先民们可是就地取材的高手。他们把河滩上的蚌壳变身为生活中的得力助手。这些蚌壳可不是随手一捡的，而是经过精心挑选，再对向穿孔并打磨成器。这些蚌器的类型为刀及其毛坯，以刀为主。蚌刀的数量庞大，而且都是横置的长鱼头造型，头部一端还没加工出内凹的"鱼嘴"，但对穿一孔的设计很巧妙，让

豹子头遗址：邕江史前文明的摇篮

人不得不佩服先民们的创意。更神奇的还有升级版的双孔鱼头蚌刀，它们像是超级英雄的装备，实用且酷炫。相比之下，石器的数量不多，有的还被岁月侵蚀得有些沧桑。至于骨器，简直是"珍稀动物"级别的存在。考古工作者在这里只找到了两件骨器，其中一件是骨锥，是远古时代的缝纫神器；另一件甚残，器名不详，它只露出尖尖的一角，还带着火烤的痕迹，让人不禁遐想，它是不是曾经参与了一场关于美食的古老仪式？晚期文化层中出土的蚌器较多，器类有蚌刀及其毛坯、蚌铲。出土石器的数量也较多，以磨制石斧、石锛为主，其他器类有砺石、研磨器等。骨器出土数量较少，但制作较为精致，种类有骨镞、骨锥、骨针、骨矛等。

豹子头遗址出土的双孔鱼头蚌刀

豹子头遗址出土的骨器

从豹子头遗址发掘的情况来看，石器普遍采用磨制方法进行加工，打制石器约占石器总数的 10%；加工技艺比旧石器时代有了明显的进步，但器型还比较少。豹子头遗址是出土骨器较多的贝丘遗址，骨器使用切割技术加工而成，琢磨得较精致，器型较多。蚌器在此被大量制造和使用，大部分蚌刀为穿孔蚌刀，其中有双孔鱼头蚌刀。这些穿孔蚌刀可能被先民们绑在木棍上，便于他们挖掘地下的茎块食物。从豹子头遗址出土的遗物来看，当时的经济生活还是以渔猎采集经济为主，农业还没有产生，人类对自然食物的依赖性很大。

灰窑田遗址：
都市角落的历史瑰宝

　　灰窑田遗址藏着 7000 多年前新石器时代的秘密。陶罐石器，屈肢葬式，诉说着先民们的生活与智慧。然而，随着城市的扩张与水利枢纽的建设，这些古遗址正面临着消失的危机。灰窑田遗址也难逃厄运，逐渐被现代建筑吞噬。考古工作者曾揭开其神秘面纱，如今再访，或已难觅当年发掘之地。让我们珍藏这些历史记忆，让灰窑田的故事继续流传。

荒草掩盖下的遗址

◆▶▶◀

　　在南宁市青秀区三岸园艺场南部隐藏着一个古老而神秘的遗址——灰窑田遗址。它静静地躺在灰窑田岭山脚下，仿佛是邕江左岸一位沉睡的老者，默默守护在河岸边。灰窑田遗址高出水面12～14米，是一处新石器时代遗址。它东临南北高速公路及南钦铁路，南望邕江河心沙洲——下升滩，与喧嚣的江水相比，更多了一份超脱的宁静。

灰窑田遗址

时光回溯到 1973 年，一群怀揣着探索热情的考古工作者，穿梭在邕江边的杂草丛中，他们的目光被一片不寻常的台地吸引。拨开杂草，掀开土层，螺蛳壳与陶片在阳光下闪烁，仿佛在低声诉说着远古的故事。这片约 4000 平方米的土地，瞬间变得不再平凡。

1977 年，考古工作者与这片土地进行过多轮"亲密接触"，每一次的挖掘都像是翻开一本厚重的历史书。终于，在 1981 年，灰窑田遗址以其独特的魅力和丰富的文化积淀，被正式列入广西壮族自治区文物保护单位，成为时间的守护者。

而到了 2006 年的那个夏天，李珍教授带领广西文物考古研究所的工作人员，踏上了灰窑田遗址的首次正式考古之旅。他们不仅发现氏族公共墓地和少量柱洞，而且还意外邂逅那些沉睡千年的生活痕迹——陶器、石器、骨器、蚌器和人类食用后遗弃的动物遗骸。灰窑田遗址中红褐色、褐色的夹砂陶器，表面多饰绳纹，它们曾是先民们煮饭、烧水的日常"伙伴"；磨制得锋利的斧、锛和砺石等石器，见证了先民们改造自然的勇气与力量；小巧的骨锥、骨镞、骨针，则是先民们狩猎与缝纫的工具；至于那些穿孔的蚌刀、蚌匕，更是让人联想到先民们在河边拾贝、江边捕鱼的生动场景。

最令人称奇的，莫过于那排列有序的墓葬群。它们主要集中分布在遗址的南部，呈东西向沿江岸排列，每一座墓都诉说着一个关于生命与死亡的故事。遗址中屈肢葬的姿态各异，仰身、俯身、侧身，甚至还有那独特的屈肢蹲葬。考古工作者在遗址中惊奇地发现一座头向下的屈肢葬和少量肢解葬，难道这

灰窑田遗址工地现场

背后隐藏着某种神秘的仪式或信仰？

2016 年初夏至金秋时节，为配合邕宁水利枢纽工程建设，广西文物保护与考古研究所的工作人员对灰窑田遗址进行了抢救性考古发掘。灰窑田遗址迎来了它的第二次"重生"。发掘领队依然是李珍教授。此次发掘工作的重点是配合邕宁水利枢纽基本建设需要，重点发掘因水利枢纽工程建设而导致邕江水位上升，可能对遗址造成破坏的区域，使历史文化遗产得到有效保护。

根据遗址实际情况，此次发掘共分为 A 区、B 区、C 区三个发掘区，发掘面积 1525 平方米。A 区位于河岸边平缓的台地上，发掘面积 1025 平方米。B 区位于 A 区南侧、遗址中部，北部位于平缓台地上，南部位于坡上，地势较低，发掘面积 300 平方米。C 区位于遗址南部的斜坡处，紧靠邕江北岸，地势最低，北高南低，发掘面积 200 平方米。考古工作者在这里不仅

贝丘的文明密码

要与泥土为伴，而且还要与重力较量，每一步挖掘都需谨慎，生怕错过任何一丝历史遗迹；每一铲都可能是与古人的一次跨时空对话，让人不禁浮想联翩，仿佛下一秒就能揭开历史的终极秘密。

此次发掘规模较大，成果丰硕，共发现墓葬110座、灰坑50个、柱洞22个，出土大量石器、骨器、蚌器及水陆生动物遗存。墓葬葬式以各式屈肢葬为主，包括仰身屈肢葬、俯身屈肢葬、侧身屈肢葬、屈肢蹲葬及不少肢解葬。令人兴奋的是，此次发掘出土的遗物较为丰富，总数在300件左右，包括陶、蚌、石、骨、牙、角等材质的生产生活用具及大量动物骨骼。其中，尤以蚌器数量最多，在100件以上，穿孔蚌刀、蚌匕和形似锥子的蚌制品展示了先民们高超的手工艺水平。尤为值得一提的是，灰窑田遗址出土了大量动物骨骼，从鱼到各种陆生哺乳动物，不仅丰富了人们对当时生态环境的认识，更为人们描绘了一幅生动的古代生态画卷。而石器、陶器、骨器、牙器等生产生活用具的出土，则让人们得以窥见那个时代的日常生活与文化风貌。

灰窑田遗址出土的骨鱼钩

灰窑田遗址出土的骨锥

灰窑田遗址出土的穿孔蚌刀

  当然,考古之旅并非总是一帆风顺。在发掘过程中,考古工作者也遇到了一些令人困惑的谜团。例如,那些时代较晚的大石铲及其残片,虽然出土于扰乱层,但是未能提供足够的地层学证据来梳理其与其他文化层之间的关系。这些大石铲与贝丘遗存之间的年代关系,至今仍是一个未解之谜,等待着未来的考古学家去揭开。

  如果说顶蛳山遗址是那片古老土地上的璀璨明珠,那么灰窑田遗址便是其光芒下的一颗闪耀星辰，两者均存在大量的水陆生动物遗骸，文化遗存以陶器、石器、骨器、蚌器为主，有相对集中的墓葬区，葬式以各式屈肢葬为主。但它们也有一些不同之处，如在灰窑田遗址出土的蚌器中少见顶蛳山遗址、豹子头遗址等常见的鱼头形蚌刀，葬式中肢解葬的数量很少等。2016 年的发掘，揭开了灰窑田遗址身上的又一层面纱。在那属于顶蛳山文化范畴的地层中，大量的柱洞和灰坑如同突然出现的宝藏，让人眼前一亮。它们为研究顶蛳山文化的聚落形态提供了宝贵的考古资料，同时更像是一块块拼图，逐步完善人们对顶蛳山文化内涵的认知。灰窑田遗址在文化内涵和整体文化面貌上与以顶蛳山遗址为代表的顶蛳山文化遗址基本相同，年代大体相当于顶蛳山遗址第三期或略晚，距今 7000 年左右。

灰窑田遗址出土的石斧、石锛等

揭开独特墓葬的神秘面纱

◆▶◀◆

　　2006年一个阳光明媚的上午，考古工作者正在灰窑田遗址专心致志地清理一座古墓葬。这座古墓葬是在昨天下午发现的，考古工作者发现填土颜色与周围土色不一样，便用手铲轻轻刮去表面的浮土，竟发现一个圆形土坑中有人骨。他们一手拿竹签剔出附在人骨上的泥土，另一手则拿着毛刷轻轻刷去剔出的

考古工作者正在清理古墓葬

贝丘的文明密码

泥土。

　　起初，那些逐渐展露的零散骨头还无法判断是人体的哪个部位，但随着清理的不断深入，一块块人体骨骼逐渐呈现在考古工作者眼前。首先展露的是一块块脚骨、掌骨的轮廓，然后胫骨、腓骨、髌骨、股骨也随之展露，直到最后，一具沉甸甸的头骨缓缓呈现。令人惊叹的是，这具人骨竟以一种罕见的倒蹲姿态埋葬，仿佛在进行一场跨越时空的冥想。这是目前广西贝丘遗址发现的两座倒蹲屈肢葬之一。为何会出现这样的葬式？这样的葬式是否寓意着某种生命的循环，如同婴儿回归母体般的神圣与纯洁？又或者，它藏着一段不为人知的死亡之谜，每个细节都在无声地诉说着那段被遗忘的历史。贝丘遗址奇特的墓葬不止一处，凌屋遗址有一处只有上半身遗骸的墓葬，还有一处只有下肢骨的墓葬；那北咀遗址出土一具张大嘴巴的头骨，而正常死亡的人，其嘴巴上下颌骨是闭合的。这些奇特的墓葬至今仍是一个谜。

　　通过对灰窑田遗址的两次发掘，考古工作者发现该遗址的墓葬主要集中分布于台地南部边缘，多数为单人葬的形式，少数为合葬的形式。葬式以各式屈肢葬为主，包括仰身屈肢葬、俯身屈肢葬、侧身屈肢葬、屈肢蹲葬及不少肢解葬。从灰窑田遗址发掘出的新石器时代的墓葬有160座左右，大部分墓葬的人骨保存情况良好，反映了当时人类的葬式和葬俗。

　　灰窑田遗址有一处氏族公共墓地，分布在遗址的南部，呈东西向沿江岸排列。走进氏族公共墓地，考古工作者发现墓葬之间既紧密又复杂，有的彼此相依，仿佛是亲人间的拥抱；有的则因时间的流逝而相互叠压，见证了岁月的无情与变迁。在这片密集的墓群中，单人葬占据了大多数，它们静静地诉说着各自的孤独与寂寞；而少数合葬则像温馨的家庭聚会，让逝去的灵魂得以在另一个世界继续相守。葬式种类多样，包含了贝丘遗址中发现的所有类型，有屈肢葬、直肢葬和肢解葬，但以各式屈肢葬为主。屈肢葬包括仰身屈肢葬、俯身屈肢葬、侧身屈肢葬及屈肢蹲葬，其中屈肢蹲葬的数量较多，约占总数的一半。此外，还发现两处头朝下的屈肢葬。直肢葬、肢解葬的数量极少，都只发现一处。葬式的多样性为这片墓地增添了几分神秘的色彩。

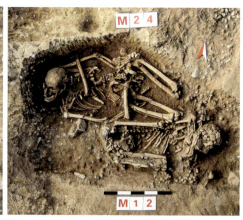

灰窑田遗址的墓葬

岌岌可危的古遗址

◆▶◀◆

令人遗憾的是，随着邕宁水利枢纽工程大坝的完工，邕江水位开始上涨，许多贝丘遗址被淹没或毁坏。凌屋遗址所在的位置是修筑大坝的位置，那个曾经承载着无数历史秘密的地方，如今经过推土机的轰鸣后，取而代之的是邕宁水利枢纽工程的厂房。离凌屋遗址上游1千米的那北咀遗址也是同样的命运。那北咀遗址位于南宁市青秀区长塘镇王合村那窝坡南面的邕江边，后来因为城市建设被掩埋于层层填土之下。2016年，考古工作者在对那北咀遗址进行考古发掘时，用挖掘机将遗址上厚0.5～4.0米的填土全部清理后，才得以窥见那尘封的历史一角。然而，即便如此，遗址的核心区域已被洪水冲刷，遭到严重的破坏，留下的只有1200平方米的残破区域。

由于河岸景观的规划，灰窑田遗址逐渐化身为邕江河堤上的一片绿化带，唯有那块孤零零的保护标志牌还在默默诉说着过往的故事。若非这块保护标志牌的存在，谁又能知晓，大约1万年前，这片绿意盎然的土地曾是我们的祖先繁衍生息、耕耘劳作的家园呢？

提及灰窑田遗址的考古发掘，不得不提起那位功不可没的领队——广西文物保护与考古研究所李珍教授。他与中国社会科学院考古研究所傅宪国教授并肩作战，无数次穿梭于邕江两岸，用脚步丈量历史的深度，用双手挖掘文明的碎片。那些珍贵的调查资料，是他们共同的心血结晶，也是后人了解那段遥远历史的宝贵财富。假如李珍教授再次踏足灰窑田遗址，望着眼前这片已非昔日的景象，或许也会感到一丝迷茫与惆怅，因为他也难以辨认，那曾经见证过无数悲欢离合的考古核心区域究竟在何方。

扫码获取更多资源

社山遗址：
渔民耕海的千年遗存

广西防城港市沿海地带藏着千年渔民耕海的秘密。新石器时代，沿海先民们已在这片海岸与丘陵间生活，以简陋石器对抗恶劣的自然环境，用智慧与汗水交织出生命的赞歌。他们或采贝捕鱼，或狩猎躬耕，过着原始而自足的生活。在这片富饶又充满挑战的土地上，先民们留下了辛勤的足迹。尽管面临朔风烈日、毒蛇猛兽的威胁，但是他们从未屈服，以勇气和智慧书写生命的篇章。如今，社山遗址的螺蛳壳和贝壳堆积如山，正是先民们不懈奋斗的无声见证，向后世诉说着那段辉煌的历史。

小小土坡下的奇遇

◆▶◀◆

1949 年以来，考古工作者像寻宝者一样，在今属广西防城港市的这片大地上探寻着历史的秘密。他们发现了社山遗址、亚菩山遗址、马兰咀山遗址、大墩岛遗址、蚝潭角遗址、番桃坪遗址、旧营盘遗址、杯较山遗址和螃蟹岭蚝壳角遗址等 9 处贝丘遗址，其中最耀眼的当属社山遗址。这些遗址的发现，还藏着一段跨越省界的考古奇缘呢！

20 世纪 50 年代，广东省博物馆的考古专家对今东兴市的亚菩山遗址、马兰咀山遗址和杯较山遗址进行发掘。为什么位于东兴市的亚菩山遗址、马兰咀山遗址和杯较山遗址却由广东省博物馆发掘呢？这背后的故事，得从东兴市的"身份变迁"说起。

1949 年 12 月 8 日，东兴解放，随防城县属广东省南路专区管辖。1950 年，防城县改属广东省钦廉专区。1951 年 5 月 14 日，防城县随同钦廉专区委托广西省代管。1952 年 3 月 8 日，防城县随同钦州专区正式划归广西省管辖。1955 年 5 月 31 日，防城县随着合浦专区复划归广东省管辖，东兴境仍系防城县辖地。1965 年 6 月 26 日，东兴各族自治县随钦州专区改属广西壮族自治区。1996 年 4 月 29 日，经国务院批准，民政部同意，设立东兴市（县级）。

1958 年春天，广东省文化局梁明燊到合浦、东兴一带进行考古调查，在东兴江平圩河岸捡到 1 件打制石器，又在石角村的亚菩山捡到 2 件磨制石器。这是第一次有人在这片海滨土地上，用考古的眼光审视这里。1959 年 6—8 月，广东省文化局在湛江举办一期文物博物馆干部训练班。训练班文物普查工作队的莫稚、曾宏芬、王明等 3 人在东兴进行文物普查时，发现石角村的亚菩山、马兰基村的马兰咀山、大围基村的杯较山等 3 处贝丘遗址。遗址出土大量的石器、骨器、蚌器和夹砂粗陶片等，其中有不少打制石器是用扁椭圆形的砾石从边缘相互打击再加工两面而制成的，也有一些石器在器型和加工方法上与江平圩河岸的石器十分相似。这些打制石器似乎是古代渔民的"军刀"，既实用又充满智慧。以上 3 处贝丘遗址的发现，像是打开一扇通往古代渔民生活的神秘之门。

在那个探索与揭秘的年代，文物普查工作队对于那些深藏于层层积淀中的秘密，也仅仅能够窥见一二。他们挖掘出一些加工简单的打制石器，极像旧石器时代的手斧，曾一度认为遗址的下层堆积属于旧石器时代。

为了进一步弄清这些遗址的地层关系和文化性质，中国科学院古脊椎动物与古人类研究所曾派贾兰坡先生等 3 人，携手广东省博物馆莫稚、梁明燊等 11 人，以及华南师范学院（今华南师范大学）历史学系魏俊超、张寿祺，中山大学历史学系黄蔚文等，组成一支强大的专业调查队伍。他们怀揣对历史的敬畏与好奇，来到了充满传奇色彩的亚菩山遗址、马兰咀山遗址和杯较山遗址，踏上了为期 4 天的观察和采集的探索之旅。在这片古老的土地上，他们如侦探般仔细搜寻，生怕错过每一处细节。在亚菩山遗址与马兰咀山遗址，他们更是勇敢地挥动手铲进行试掘。随着泥土的层层剥落，历史的画卷在他们眼前缓缓展开，丰富的文物如宝藏般不断涌现，照亮了那段被遗忘的岁月。

而社山遗址的发掘则比较晚，就像一部考古影片中的高潮部分。社山遗址位于东兴市江平镇交东村西南方向 50 米的社山上，就像个害羞的少女，等待着人们的发现。虽然它曾经因为人们取土做肥而遭到破坏，但是幸运的是，它最终还是被考古工作者找到了。

社山，这座椭圆形的小小土坡，因山顶那座古朴的土地庙而得名。它静静地躺在距离海平面约 10 米高的地方，被四周的民居紧紧环抱。其东南方向是广阔无垠的沿海滩涂湿地，在 600 米开外，海水轻轻拍打着岸边，为这片土地增添了几分海洋的韵味。

在这片充满神秘色彩的土地上，社山遗址静静地躺在社山的东部，紧邻着那片生机勃勃的滩涂湿地。然而，时间并不总是温柔以待，20 世纪 60 年代，这里曾遭遇了一场"浩劫"——人们为了获取肥沃的土壤，纷纷前来取土做肥，导致遗址的容颜遭受无情的破坏。如今，它仅存约 1500 平方米的面积，却依然顽强地诉说着过去的故事。

贝丘的文明密码

早在 1958—1978 年，广东和广西两省（区）文物工作队先后对社山遗址进行深入调查。在杂乱的草丛中，他们发现散落一地的贝壳碎屑和动物骨骸，还采集到石器、夹砂陶片等珍贵遗物。经过初步研究，确定社山遗址为新石器时代晚期的海滨贝丘遗址，这是一次历史的重大发现。

　　1981 年，社山遗址被列入广西壮族自治区重点文物保护单位，它的名字开始被更多人所熟知。而到了 2012 年 2—4 月，广西文物保护与考古研究所联合防城港市博物馆对该遗址进行了更深入的试掘。他们在遗址东部的断面附近精心布设了一个探方，便于探明遗址的布局和不同层位的状况。虽然此次试掘面积只有 6 平方米，但是却如同打开一扇通往历史的神秘之门。

　　在试掘过程中，考古工作者采用多种方式对所有土样进行过筛处理，不放过任何一丝线索。他们还采用全浮选的方法，

考古工作者正在筛选出土物

贝丘的文明密码

社山遗址全景

社山遗址：渔民耕海的千年遗存

从遗址土样中筛选出一批有明确层位关系的陶片、石器、动植物标本等遗物。这些遗物如同时间的碎片，可以拼凑出那个时代的生动画面。

在此次试掘过程中，社山遗址仿佛一本尘封的历史书，向我们缓缓展开它的神秘篇章。在这里，130多件石器静静地诉说着过往的故事，它们大多是先民们巧手雕琢的杰作。蚝蛎啄、砍砸器和尖状器等，这些充满力量的原始工具，让人不禁想象

社山遗址出土的石片

社山遗址出土的砍砸器

水边的先民如何用它们来开启生活的新篇章。而磨制石器，如石斧和磨棒，则透露出一种更为精细的智慧之光。这些石器大多是一次成型，少有二次修整的痕迹，它们的表面还保留着石片疤和砾石面，就像时间的烙印，记录着每一次敲击与磨砺。石器单面加工的简单方式，却蕴含着先民们对生活的质朴追求。

此次试掘的陶片数量虽多，但却破碎不堪，难以复原。以砂和蚌末作为羼和料，赋予陶器独特的质感。夹蚌末陶的数量占大部分，约占陶片总数的90%，红褐色和灰黄色是它们的主色调。陶胎普遍较薄，中间黑色，内外壁的红色又像害羞的脸颊。有的陶片上还涂抹着陶衣，或是留下火烧的痕迹，仿佛是先民们留下的独特签名。

更有趣的是，陶胎中的蚌末是牡蛎碎片。这说明社山遗址的先民们在制作陶器时，不仅聪明地利用周边的自然资源，而且还与那些牡蛎壳产生不解之缘。夹砂夹蚌末陶中，蚌末占多数，砂粒只是点缀，就像给陶器穿上一层坚硬的盔甲。部分轮制陶器的口沿留有清晰的痕迹，就像时间的年轮。纹饰方面，中绳纹较多，占比达29%，粗绳纹和细绳纹则像是它的"左右护法"，占比相近。而那些极少的刻划纹和附加堆纹像是意外的惊喜，让人眼前一亮。由于陶片磨圆度高，且口沿类陶片较少，因此器型辨别起来难度较大，目前已辨别的器型有罐、釜、钵。

考古工作者还在社山遗址中发现7件骨器，它们均为骨锥，虽然数量不多，但是足以让人感受到那个时代的气息。社山遗址所处的临海地带，更是让它成为海洋与河流交汇的神奇之地。

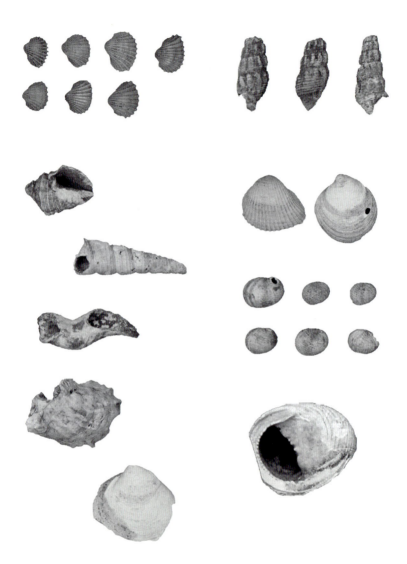

社山遗址出土的海洋软体动物外壳

地层堆积中，海洋软体动物的外壳仿佛是历史的见证者，记录着先民们与海洋的每一次亲密接触。

那些被考古学家鉴定出来的贝壳，如泥蚶、牡蛎壳等，是海洋的使者，向我们诉说着那个时代的海洋故事。而其他如毛蚶、棒锥螺等软体动物则是大自然的馈赠，让先民们的餐桌变得更加丰富。大量海洋软体动物外壳和鱼骨的发现，更是证明了先民们以采集海洋生物资源为主的生业模式。他们是大海的孩子，与海洋共舞，书写着属于自己的传奇。

社山遗址，这座新石器时代晚期的海滨贝丘遗址，不仅为我们揭示了北部湾地区海滨贝丘遗址的文化面貌，而且还为我们了解新石器时代古人类的生业模式提供了宝贵的线索。社山遗址的试掘，像是一次穿越时空的旅行，让我们得以窥见那个遥远而神秘的时代。

社山遗址：渔民耕海的千年遗存

面朝大海，春暖花开

◆▶◀◆

　　东兴，这座被十万大山深情环抱的小城，北高南低，山峦起伏，宛如一幅壮丽的山水画卷。沉积岩在这里尤为发达，砂岩、灰岩、泥质页岩层层叠叠，记录着岁月的沧桑。河流两岸是平坦的谷地，给予人们宁静与安详。

　　然而，当目光转向临海地带，东兴又展现出另一番景象。那里地势低洼，亚菩山遗址、马兰咀山遗址、杯较山遗址、社山遗址像是大海遗落的珍珠，静静地躺在临海地带的山岗上。这些由斧足类和腹足类软体动物的硬壳堆积而成的贝丘遗址，是大海与时间共同创造的杰作。

　　在那个遥远的时代，这些海滨地带分布着一个个小渔村，渔民们在这里生活、劳作。他们每天面对着浩瀚的大海，听着海浪的歌唱，感受着海风的轻拂。由于他们的生活环境相同，因此形成的地层堆积、文化遗物、器物制作方法等十分相似。这些贝丘遗址像一部部记录海洋历史的典籍，记载着那个时代人们生活的点点滴滴。

　　社山遗址周围有淡水河汇入海中。在地层堆积中，软体动物的硬壳堆积如山，仿佛是大海给予人们的馈赠。而那些打制石器，则是渔民们智慧的结晶。它们是用河滩砾石或石片直接打制而成，虽然制作简单，但是无比实用，如蚝蛎啄这种特色工具，更是成为遗址的标志。当然，遗址中也有少量的磨制石器，虽然制作粗糙，但是充满智慧的光芒。陶器制作粗犷，烧成温度低，陶土中羼杂着砂粒，显得质朴而自然。器表上多有陶衣，纹饰以绳纹为主。而那些骨器和蚌器，虽然出土较少，但是同样珍贵。

社山遗址与亚菩山遗址、马兰咀山遗址、杯较山遗址所代表的文化类型有着密切的关系。这一文化类型具有北部湾地区海滨贝丘遗址的自身特征。这些遗址位于沿海地带的山岗上，附近有淡水河流入大海，它们就在淡水和海水交汇处。这样的天然地理位置，为先民们提供了丰富的食物资源，让他们在这里繁衍生息，创造属于自己的传奇。

在那些被岁月尘封的出土工具中，有一种特别引人注目的工具——蚝蛎啄。这个名字听起来就充满海洋的气息，其实它是根据现代渔民采蚝的工具来命名的。蚝蛎啄是水边的先民为捕捞蚝类水生物而发明的一种石质工具。想象一下，当考古工作者轻轻拂去遗址的尘土，蚝蛎啄逐渐显现时，仿佛还带着海水的咸味。

在社山遗址、亚菩山遗址、马兰咀山遗址、杯较山遗址等遗址中，蚝蛎啄竟然出土了204件，占了出土工具的大部分。它们是大海的使者，诉说着渔民与海洋的亲密接触。这些蚝蛎啄不仅见证了渔民采集蚝蛎的辛勤劳动，更是那个时代文明的重要象征。

社山遗址出土的蚝蛎啄

　　结合遗址中的生活遗迹及那些堆积如山的软体动物硬壳，我们可以清晰地感受到，遗址的先民们主要依赖周边滩涂及海域来获取食物。他们是大海的儿女，每天迎着晨曦出海，踏着暮色而归，用勤劳的双手采集着人海的馈赠。那些软体动物的硬壳，就是大海留下的印记。

　　然而，对于这些遗址文化类型的年代归属，学术界却存在一些争议。广东学者莫稚等人认为它们属于新石器时代早期，而广西学者何乃汉则认为它们属于新石器时代中期。这些争议像是一场跨越时空的辩论赛，让人们对这些遗址的年代充满猜测和遐想。

　　不过，无论年代如何归属，亚菩山遗址、马兰咀山遗址和杯较山遗址等无疑代表了该文化类型的早期。它们就像一部未完待续的历史长卷，等待着我们去探索、去解读。而社山遗址则像一部续集，在新石器时代晚期继续书写着这一文化类型的篇章。

在遥远的古代，社山遗址与广西钦州芭蕉墩贝丘遗址像是两位老朋友，虽然身处不同角落，但是共享着一份神秘的文化密码。它们不仅有着相似的文化基因，而且还可能在某个不经意的瞬间，受到顶蛳山遗址第四期文化的影响，成为那段辉煌历史中最后的佳话。

社山遗址是海滨贝丘遗址的代表，与顶蛳山遗址、豹子头遗址等内陆的河滨贝丘遗址相比，像是海与河的对话，各自有着不同的精彩故事。当你漫步在社山附近的沙滩时，脚下是细软的沙粒，耳边是海浪的低吟，空气中弥漫着海水的咸香。这里的先民们以海为家，海鲜大餐是他们的日常。而转身走进内陆的河滨贝丘遗址，这里的先民们是淡水世界的探险家，鱼儿和螺蚌是他们常见的美味佳肴。

再看那些石器，河滨贝丘遗址的工匠们是精细的雕刻师，他们的磨制石器光滑如镜，精致无比；而海滨贝丘遗址的工匠们则是粗犷的艺术家，他们的打制石器虽然简单，但是透露出一种原始的力量美。

更有趣的是，在海滨贝丘遗址几乎找不到河滨贝丘遗址那些常见的精美骨器和蚌器，陶器也显得稀少而朴素。这就像两个不同的世界，一个精致细腻，另一个粗犷原始，却都在以自己的方式讲述着人类文明的多样与精彩。

而这一切的背后，是人口的增长，是探索的勇气，是人们对未知世界的渴望。海滨贝丘遗址的先民是海洋文化的先驱。

社山遗址：渔民耕海的千年遗存

他们每天清晨，迎着初升的太阳，踏上简单的木筏，驶向那片蔚蓝的海域。他们在海上穿梭，与风浪搏斗，却总能满载而归。傍晚时分，他们围坐在篝火旁，分享着一天的收获，脸上洋溢着喜悦。他们以海为生，与浪共舞，在这片富饶的海湾中繁衍生息。海滨贝丘遗址是海岸渔民的乐园，是海湾生物的家园，更是人类智慧与自然和谐共生的美好见证。

海滨贝丘遗址不仅是我们探寻古代文明的重要线索，更是我们研究沿海地区环境变迁与人类适应自然环境的宝贵材料。它告诉我们，海滨的先民们是如何在这片广袤的海洋中找到自己的生存之道，过上"面朝大海，春暖花开"的原始而又"富足"的生活。

渔猎之歌：海洋先民的生存之道

◆▶◀

在那遥远的时代，社山、亚菩山、马兰咀山和杯较山，这些充满神秘与传奇色彩的地方，曾是渔猎文明的璀璨舞台。那些堆积如山的软体动物硬壳，种类繁多，色彩斑斓，仿佛在诉说着那个时代的繁荣与昌盛。而那些带有火烧痕迹的动物遗骨，仿佛让我们看到了先民们围坐在篝火旁，烤着海鲜，享受着美味佳肴的温馨场景。他们或许还懂得添加调味品来减少食物的腥味，让那原始的烧烤味更加诱人，这真是让人垂涎三尺。

社山遗址中出土的那些被岁月精心雕琢的动物遗骨，有的呈现出温润如玉的乳白色，有的则带着一丝淡淡的乳黄色，宛如古老的象牙，在灯光下闪烁着柔和的光芒。它们虽然历经风雨，但是依旧保持着那份原始的模样。这些遗骨都有较轻程度的石化，说明生活在这里的渔民年代不会很晚。

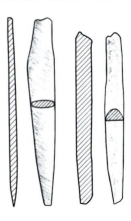

社山遗址出土的骨器

社山遗址：渔民耕海的千年遗存

中国科学院古脊椎动物与古人类研究所的贾兰坡先生，被誉为"中国古人类学之父"的大家，他用敏锐的目光和深厚的学识，为我们揭示了这些脊椎动物遗骨的奥秘。原来，它们都是现生种，包括鹿、象、兔、鱼等。这些生灵曾在社山这片土地上自由地奔跑、游弋，与先民们共享着这片富饶的土地。

文蛤、牡蛎、田螺等软体动物曾是社山遗址先民餐桌上的美味佳肴，它们不仅满足了先民对食物的渴望，更是社山遗址先民长期依海而生、与大海之间不解之缘的见证。

此外，社山遗址还出土了农业生产工具与谷物加工工具。磨盘、石杵等器物的出现，表明这里的农业比较发达。先民们不仅懂得渔猎，而且还掌握农耕技术，真是多才多艺啊！从出土的大型石网坠和大鱼的脊椎骨可以看出，这里的先民具有高超的捕捞技术。或许，他们已经能够乘着简单的木筏或独木舟，勇敢地驶向近海，捕获那些巨大的鱼类。

常言道："一方水土养一方人。"当我们走进东兴社山这片神奇的土地，仿佛置身于一个充满生机与活力的史前世界。这里依山傍海，生活资源丰富多彩；热带气候条件优良，水热资源充沛，生物多样性丰富；海洋、溪流、湖泊、山地、平原、丘陵、滩涂，各种自然景观应有尽有。这样的环境，怎能不吸引史前人类前来定居呢？

时光荏苒，岁月如梭。经过数千年的演变，现在的东兴已经成为一个充满魅力的口岸城市。生活在这里的京族渔民是我国唯一的海洋民族。他们或许就是那些古代渔民的后裔，继承了先民的渔猎智慧，继续在这片海域书写着属于自己的传奇故事。

社山遗址侧面远观

在东兴的滨海平原上，社山遗址所在的稻田和耕地纵横交错，水网交织。每当夕阳西下，渔民们便满载而归，将捕捞到的海鲜送到市场上。而京族三岛——沥尾、巫头、山心，更是成为我国唯一的京族聚居地区。这里的渔民们世代以海为生，他们勇敢地面对风浪，用智慧和勇气谱写着渔猎之歌。

让我们一起走进这个充满魅力的世界，感受那份来自远古海洋的呼唤；在东兴这片神奇的土地上，共同探寻海洋先民的生存智慧，感受那份原始而淳朴的渔猎文化。

敢造遗址：
见证古文明的辉煌

敢造遗址，位于广西崇左市扶绥县左江北岸，它见证了新石器时代古文明的发展。你敢想象吗？在这里，考古学家发现了大石铲、精美的石器等，还有众多动物骨骼，它们共同诉说着古人类的生活与智慧。敢造遗址还藏着一个小秘密：这里曾埋葬着 3 座婴幼儿墓葬。这背后隐藏着怎样的故事？或许，随着科技的进步，未来的某一天，我们能揭开这个谜团，更深入地了解这些古老先民的生活和秘密。

大石铲首次现世

◆▶◀◆

1963 年，广西壮族自治区文物管理委员会的专家在南宁开展文物普查。他们穿梭在田野与山川之间，寻找着古文明的遗存。此时，崇左市扶绥县的敢造遗址被悄然发现。这并不是孤例，随着文物普查的不断深入，更多的新石器时代贝丘遗址不断涌现，它们像是历史的碎片，等待着被拼凑成一幅完整的画卷。而邕宁长塘遗址、武鸣岜勋遗址、南宁青山遗址、横州西津遗址等的试掘，更像是打开了一扇扇通往过去的大门，让人们对那个遥远的时代有了更加直观的认识。

1973 年 9 月，广西文物考古训练班的学员们带着对历史的敬畏与好奇，踏上了更加深入的探索之旅。他们来到位于扶绥县木民村敢造渡口的神秘之地。敢造遗址坐落在左江北岸，与水面有着约 20 米的高度差，下方是石灰岩矮峰，宛如一道天然的屏障，守护着这片古老的土地。

敢造遗址的东、南两面被江水环绕，西南面则依傍着敢造山。敢造遗址北距长沙村约 4000 米，南距金鸡村约 800 米，西距木民村约 2000 米，而东面则与海螺水泥厂隔江相望。这样的

敢造遗址

地理位置，使敢造遗址既有着山水的灵动，又有着人文的厚重。

敢造遗址所在的左江流域地质地貌复杂多样，遗址周围地势起伏，山地与丘陵交织在一起。那些高低错落的锥形山峰，将相对封闭的洼地包围起来，形成一个个自成一体的地理单元。这些地理特征，不仅让敢造遗址显得更加神秘莫测，而且也为我们揭示了那个遥远时代的自然风貌和生态环境。

1973年的秋日，阳光斜洒在扶绥县木民村敢造渡口的土地上，考古工作者挥汗如雨，一条探沟逐渐被挖开，它仿佛一条穿越时空的隧道，缓缓揭开敢造遗址的神秘面纱。

在探沟中，14具人骨架出现在考古工作者的眼前。这些人骨架摆放得并不规整，有的头顶朝上、下巴朝下，似乎为蹲葬；有的颜面向上，安详地仰卧着，似乎为仰身葬；还有的侧身而卧，似乎为侧身葬。

在这 14 具人骨架中，仅有两具保存得相对完整。其中一具是仰身直肢葬，左上肢骨弯向胸前，放在锁骨处，右臂则伸直平展，被一块砺石轻轻压住，仿佛生前劳作时的姿态被永远定格；下肢未并拢，给人一种随意而自然的感觉。考古工作者发现 13 号墓为侧身合葬墓，向左侧卧的人骨较为完整，上肢屈向头部，手掌轻抚着头，弯腰弓背，下肢向前屈起，像在守护着身旁那个虽已不完整，但头骨却与之正面相对、距离极近的伴侣。这样的画面让人不禁为古人之间那条跨越时空的情感纽带所动容。

在 5 号墓的头骨周围，考古工作者还发现了一个由烧土围成的半圆圈，头骨旁插着一枚骨笄。这枚骨笄应是一位远古女子的头饰，静静地展现着她的美丽，诉说着她的哀愁。这些发现不仅为敢造遗址增添了更多神秘的色彩，而且也为我们揭开了远古时代人类生活与信仰的一角。

转眼间，40 多年过去了，2014 年 4 月，因郁江老口水利枢纽工程建设，广西文物保护与考古研究所的考古工作者对敢造遗址进行了抢救性考古发掘。此次发掘面积较大，共分为 A、B、C 三个区，总发掘面积 1050 平方米。其中，A 区位于河岸边平缓的台地上，发掘面积 800 平方米；B、C 区位于 A 区台地下方的斜坡上，发掘面积 250 平方米。遗物主要出自 A 区，B 区仅出土少量遗物，C 区未出土遗物。

此次考古发掘不再是简单的挖掘和寻找，而是一场精细入微的科学研究之旅。考古工作者手持工具，在遗址的每一寸土地上仔细搜寻。他们采用平剖面结合的方法，由上至下逐层揭

露历史的真相。每一件出土的器物都以探方为单位被精心编号，并依次绘制出详细的器物出土位置图，好像在为先民们留下的宝藏绘制一张张精准的藏宝图。

考古工作者对敢造遗址进行挖掘和绘图

考古工作者在提取研磨器、砺石和磨盘时，更是小心翼翼。他们不仅关注这些工具本身，而且还提取周边的泥土，期待通过对残留物的研究，揭示先民们使用这些工具的秘密。尤其对于那些含有细小动物遗骸和果核遗存的堆积，他们更是如获至宝。他们使用过筛和浮选法，精心采集每一份样本，生怕错过任何蛛丝马迹。

此外，考古工作者还特别注意采集测年标本。他们深知，只有获取准确的年代信息，才能更好地解读历史。于是，他们在探方壁的不同地层内采集土样，为日后的孢粉分析、植硅石分析等相关研究工作打下了坚实的基础。在这次考古发掘中，他们还发现了一个令人惊喜的现象：遗址中的墓葬数量众多。

为了更好地保护和研究这些墓葬，考古工作者对其中保存较好的两座墓葬进行整体搬迁，让它们得以在新的环境中继续诉说古人类的故事。

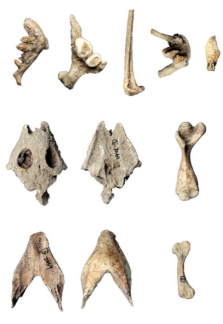

敢造遗址出土的爬行类、鱼类骨骼遗存

敢造遗址出土的骨鱼钩

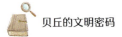

在此次考古发掘中，出土遗物主要有打制石器和磨制石器，还有少量的骨器和蚌器以及一定数量的陶片与动物骨骼。遗迹主要为墓葬、灰坑和少量的柱洞。根据地层叠压关系及出土遗物的特点，可以清晰地看到贝丘遗址与水资源的分布密切相关。敢造遗址所在的左江流域及其下游的右江流域，都曾发现有大量的贝丘遗址。这些贝丘遗址以顶蛳山遗址最具特色。敢造遗址与顶蛳山遗址在蚌铲、鱼头形蚌刀及葬式等方面都有一定的相似性，测年数据也比较接近。

敢造遗址的第一期和第二期与广西很多河滨贝丘遗址属于同一类型，它们共同见证了新石器时代先民们在这片土地上的繁衍生息。到了第三期，敢造遗址则呈现出非贝丘堆积的特点，如打制石器较多，开始出现束腰形研磨器，石英的小型工具数量也明显增加。这些变化或许意味着先民们的生活方式和经济形态发生了重要的转变。

在发掘过程中，一个令人惊叹的发现是大石铲。敢造遗址以第四期出土的大石铲最具特色。考古工作者小心翼翼地拂去遗址中的尘土，在灰坑之中，8件大石铲及其毛坯悄然现世，它们静静地躺在那里，诉说着千年前的故事。编号 H1、H44、H46、H66、H75 的灰坑，像通往过去的秘密通道，每一件大石铲的出土，都是一次穿越时空的对话。

在 H44 灰坑里，大石铲与陶器并肩而眠，它们被一层结构紧密的黄褐色沙土覆盖。沙土中偶尔夹杂着炭屑，底部还藏着红烧土的颗粒和繁茂的植物根须，似乎这里曾经是一派生机勃勃的景象。当考古工作者拨开历史的尘埃，一件石铲和陶罐的

敢造遗址出土的大石铲

残件映入眼帘。那陶罐，黑色夹砂，胎质较薄，却因岁月的侵蚀而无法触碰，只能隔着时空的壁垒，遥想它曾经的模样。

这些大石铲虽然制作简单，造型并不张扬，但是却散发着一种质朴而原始的美。最大的那件石铲（H1：1）以青灰色板岩为原料，一面光滑如镜，另一面则保留着加工时的痕迹；短柄无袖，左侧边缘断裂，更添几分岁月的沧桑。它身长 33.74 厘米、宽 24.33 厘米、厚 3.11 厘米。相比之下，最小的那件石铲毛坯（H66：2）则显得娇小许多。它的形状不规则，一面还留有轻微的磨制痕迹。它身长 9.93 厘米、宽 8.51 厘米、厚 1.53 厘米，虽然不起眼，但却是那段历史不可或缺的一部分。这 8 件大石铲都是大石铲早期形态的代表，每件石铲都承载着先民们的智慧与汗水，每件石铲都记录着那段遥远而神秘的历史。

考古学家发现，敢造遗址第四期的大石铲文化层与大龙潭

贝丘的文明密码

遗址、虎楼岭遗址、北庙遗址、吞云岭遗址、音墟遗址、隆安介榜遗址、坛洛雷懂遗址等大石铲遗址相关文化层在文化面貌上具有极大的相似性。目前，很多大石铲遗址在大石铲文化层下少有堆积，这不禁让人遐想，这些巨大的石铲究竟源自何方，又承载着怎样的历史秘密？敢造遗址出土的大石铲数量虽然较少，但是遗址中存在早于大石铲文化的堆积，这为考古学家研究大石铲文化的源流及年代提供了重要的材料。此次敢造遗址的发掘是广西首次发现贝丘遗存、河旁台地遗址、大石铲遗存相互之间的叠压关系，为研究广西新石器时代同类遗存的年代提供了地层学方面的证据，也为研究左江流域贝丘遗存与顶蛳山文化之间的联系提供了丰富的材料。

敢造遗址第四期的大石铲文化层叠压于第三期文化层之上，二者文化面貌不相同，那么，它到底是第三期文化的延续，还是由外来族群新创造的大石铲文化呢？此外，遗址中大石铲文化堆积不是很厚，表明先民们可能在此处生活的时间不长，那么他们后来又迁徙到哪里呢？均不为所知。中国科学院古脊椎动物与古人类研究所付巧妹团队在追溯东亚南部人群的母系遗传历史和周边人群交流动态的核基因组研究时，虽然提取了敢造人的古 DNA 数据，但是没有提取比对的数据。或许在未来的某一天，随着科技的进步，考古学家能够解开这些古老的文明密码。

繁忙的石器加工厂

◆▷◀◆

　　敢造遗址像是一个繁忙的石器加工厂，数以千计的石制品静静地躺在那里，等待着考古工作者的探索与发现。这不仅是贝丘遗址中罕见的景象，更是对考古工作者的一次全新挑战。

　　据 2014 年考古发掘统计，敢造遗址第一期文化层共出土石器 25 件，占出土遗物的 76%，可分为打制石器和磨制石器两种。其中，打制石器的类型主要有石核、钻器和断块三种。而磨制石器主要有斧锛类工具和砺石两种。它们经过先民们的精心打磨，成为那个时代不可或缺的劳动工具。

　　然而，这只是冰山一角。当考古工作者探索至敢造遗址第二期文化层时，眼前的景象让人震撼不已。敢造遗址第二期文化层共出土石器 3600 多件，其中打制石器占据了绝大多数，它们形态各异，有石核、完整石、断块及碎片、石锤等，共同见证了当时人类生活的点点滴滴。而磨制石器虽然数量相对较少，但是每一件都堪称艺术品，研磨器、砺石、磨盘、石砧和斧锛类工具等不仅实用，而且还体现了人类对美的追求和对工艺技术的精湛掌握。磨制石器的岩性选择更加考究，硬度较低的砂

敢造遗址出土的石斧

岩和石灰岩成为主流，这不仅保证了工具的耐用性，而且还提高了工作效率。这些石器多为大型工具，甚至偶见巨型工具。

敢造遗址第三期文化层出土石器的数量与第二期相当，有3800多件石器，它们或锋利，或粗犷，每一件都蕴含着先民的智慧与汗水。打制石器占了绝大部分，有3600多件。可以想象，那些石匠们手持简陋的工具，一锤一凿，精心雕琢着每一块石头，石核、石片、碎片、断块……它们如同拼图一般，拼凑出那个时代的生产与生活场景。而磨制石器虽然数量不多，但是170多件石器也足以展现先民们对精细工具的追求。

然而，敢造遗址第四期文化层的石器数量却急剧地减少。除了8件大石铲及毛坯，竟不见其他石器出土，可能人们已经步入农耕时代。这似乎预示着一个时代的落幕。

敢造遗址像是一个巨大的石器加工厂，先民们在这里居住、生活，并亲手打造出石砧、钻器、石锤、砺石等精美的石器。先民们围坐在石器旁，手中紧握石锤，一次又一次地敲击着石砧上的石器毛坯。火花四溅，石器逐渐成形，他们的脸上洋溢着喜悦。在遗址中，考古工作者还发现了许多加工后遗留下来的碎片和半成品。或许先民们一边加工石器，一边聊着生活的琐事，或分享着狩猎的趣事。

此外，敢造遗址还出现了不少柱洞，这暗示着当时先民们可能已经掌握了干栏式建筑的构筑技术。他们巧妙地利用石锤敲打木材和竹子，搭建起一座座高高在上、免受虫蚁叮咬的居所。在这样的居所里，他们享受着家庭的温馨与安宁。敢造遗址所处的崇左市扶绥县，野生动物资源丰富、种类繁多，兽类、

禽类、爬行类等动物分布广泛，为先民们的生活提供了丰富多样的食物来源。先民们手持砍砸器、石锤、石块等，勇敢地追逐着野生动物，最终将其捕获，为部落带来丰富的食物。

敢造遗址出土的石器

史前人类的微小足迹

◆▶◀◆

　　在敢造遗址这片沉睡几千年的土地上，108 座墓葬静静诉说着过往的故事，等待着我们去解读。这些墓葬大多采用侧身屈肢葬式，少数采用仰身屈肢葬式，它们紧密排列，仿佛是先民们为了守护这片土地而集体沉睡。

　　墓葬中的人骨保存状况各异，有的完整如初，有的则略显凌乱。这些古代人骨的保存为考古学家研究个体性别和年龄提供了丰富的资料。2020 年的冬天，山东大学赵永生副教授和他的团队踏上了探索敢造遗址墓葬的旅程。他们仔细研究着这里的每一块人骨，用科学的手段，试图揭开这些古代先民的面纱。

　　他们端详着一块块耻骨和耳状关节面，通过每块耻骨和耳状关节面细微的变化来判断个体的年龄。令人意外的是，他们发现了 3 座婴幼儿墓葬，其中两座墓葬里埋葬着 3 ～ 6 岁的婴幼儿，这一发现刷新了广西新石器时代遗址中发现最小年龄墓葬的纪录。

　　然而，令人费解的是，在那个生活条件艰苦、环境卫生难

敢造遗址发掘的墓葬

敢造遗址：见证古文明的辉煌

以保障的年代，婴幼儿的死亡率本应居高不下，但敢造遗址中婴幼儿的墓葬却异常稀少，这究竟是为何？

考古学家认为可能有两方面的原因：一方面，未成年个体的骨骼如同初生的嫩叶，有机质丰富但脆弱不堪，保存起来极为困难。尤其是婴幼儿和少年的骨骼极为脆弱，在发掘过程中，即便有幸保存下来，也可能因为体质人类学工作者的缺席或发掘者的疏忽，而被忽略，成为考古发掘中的遗憾。另一方面，那个遥远的时代或许隐藏着特殊的埋葬习俗，使得部分年龄段的个体在考古调查或发掘中悄然失踪。或许，在那时的氏族观念中，婴幼儿被视为生命的萌芽，他们可能被单独埋葬在某个不为人知的角落，或者干脆没有举行葬礼，就这样静静地离开了这个世界。

在敢造遗址中发现婴幼儿墓葬，说明当时人们已经按照成年人的方式将婴幼儿埋葬在氏族公共墓地中。但随着历史的不断发展，到阶级社会，对婴幼儿便不再按照成年人的方式埋葬，尤其是夭折的婴幼儿，一般草草埋葬，不会埋葬在家族墓地中。至于敢造遗址婴幼儿死亡的原因，目前还无法从那些仅存的骨架中找到确切的答案。

甑皮岩遗址：
穴居中的贝丘人

　　甑皮岩遗址，隐藏在桂林秀美的山水间，是万年前穴居人的家园。这里出土了距今 1.2 万年左右的陶片，是目前已知的中国最早陶器的见证。甑皮岩人不仅是巧手制陶的艺术家，而且还是最早将野猪驯养成家猪的先民。在甑皮岩遗址的墓葬中，神秘的二次葬和头骨穿孔习俗，揭示了母系氏族社会的丧葬文化。洞穴里，石器、骨器、蚌器不计其数，展现了原始人类的生活智慧。如今，甑皮岩遗址作为华南地区首个国家考古遗址公园，多学科研究在此汇聚，为揭示更多史前秘密奠定了坚实的基础。走进甑皮岩，仿佛穿越时空，与万年前的先民们展开对话。

宜居的洞穴

◆▶▶◆

桂林以山青、水秀、洞奇、石美而著称。宋人王正功以"桂林山水甲天下"的诗句，表达了桂林山水天下第一。其实，唐代文学家韩愈"江作青罗带，山如碧玉簪"的吟唱更为形象及丰满，传达出桂林山水的神韵和真谛。桂林是世界上岩溶峰林发育最集中、最典型的地区，石峰平地峭拔，四野林立。漓江蜿蜒舒缓地萦绕着簇簇青山，山水相依，地理环境十分优越。桂林气候温暖湿润，动植物资源丰富，为人类提供了非常好的生存条件。因此，杜甫曾说："五岭皆炎热，宜人独桂林。"正因如此，桂林每天游人如织，特别是桂林的溶洞，堪称世界一绝，而芦笛岩、七星岩则是洞穴之冠，可谓无山不洞。

甑皮岩遗址是1965年夏天广西壮族自治区文物管理委员会和桂林市文物管理委员会在文物普查时发现的洞穴遗址。它位于如诗如画的桂林市南郊，独山西南麓山脚的甑皮岩洞穴内，距市中心约9千米。洞内高8米，宽13米，面积约200平方米。在洞穴左后侧，有一个含水量充沛的地下溶洞，洞前则是一片较开阔的平地。

1973年甑皮岩遗址外景

　　为了解遗址的文化面貌，桂林市文物管理委员会在1973年6—9月对甑皮岩洞穴进行了试掘。根据洞内堆积的保存情况，试掘分为A、B、C、D四个区，共开探方10个，文化堆积最厚的达2.6米，最薄的仅0.2米，文化层上被一层碳酸盐类的盖板覆盖。在新石器时代的堆积内出土遗物有夹粗、细砂的绳纹或绳纹加划纹红陶和少量篮纹红陶与灰陶，红陶的数量比灰陶的多。这些陶器以夹砂绳纹陶为主，烧制火候不高，手制痕迹明显，质地略显粗劣，透露出当时制陶工艺水平还处于原始阶段。在遗址出土的石器中，打制石器与磨制石器并存，磨制石器的数量略胜一筹。地层中还出土了14件骨器和3件蚌器，还有一些动物骨骼及人类肢骨。更令人惊奇的是，遗址的主要遗迹有灰坑及墓葬，其中墓葬 18 座，葬式有屈肢蹲葬、侧身屈肢葬，以屈肢蹲葬为主，均无坑圹痕迹。甑皮岩遗址的二次葬是目前我国发现最早的二次葬。然而，关于甑皮岩的具体年代，曾引发了一场学术争议。碳–14 年代测定的结果表明，甑皮岩遗址距今大约 1 万年，但当时很多学者对此表示怀疑，认为南方的石灰岩地区碳–14 年代测定可能偏晚，南方的新石器时代或许并没有那么早。这场争议，无疑为这个神秘的史前世界增添了几分神秘色彩。

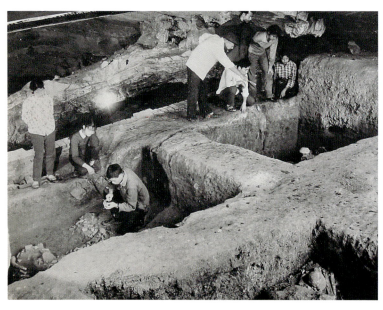

1973 年甑皮岩遗址第一次试掘时的考古现场

贝丘的文明密码

甑皮岩遗址出土的夹砂绳纹高岭陶罐的残件

　　此后，考古工作者还对甑皮岩遗址进行多次小规模的发掘，但由于当时的发掘技术相对落后，甑皮岩遗址的发掘工作还存在一定的局限性。为进一步了解整个洞穴遗址的文化面貌，解决遗址的年代问题，2001年4—8月，中国社会科学院考古研究所、广西壮族自治区文物工作队、甑皮岩遗址博物馆及桂林市文物工作队联合对遗址进行新的发掘。发掘领队由中国社会科学院考古研究所傅宪国教授担任。傅宪国教授曾先后在广西主持顶蛳山遗址、豹子头遗址、鲤鱼嘴遗址等的发掘工作，为广西的史前考古特别是新石器时代考古付出了很多心血。此次发掘正值夏天，洞内不通风，气温相当高。在这样的条件下，为了保障发掘工作的顺利进行，许多考古工作者不顾高温和闷热，赤膊上阵，展现了极高的敬业精神和专业素养。

甑皮岩遗址发掘现场

　　此次发掘采用多学科的手段对出土遗物进行分析，得出较为权威、科学的结果。由于遗址的年代一直存在疑问，考古工作者将这次发掘的标本分别送到中国社会科学院考古研究所考古科技实验中心、北京大学考古文博学院、澳大利亚国立大学及英国牛津大学等进行测试分析。结果表明，甑皮岩遗址第一期的年代距今12500—11400年，第二至第四期的年代距今11000—10300年，第五期的年代距今8800—7600年。这次测试的遗址年代印证了之前的测试结果。

　　人类不是穴居动物，但也曾以洞穴为家。迄今为止，世界上发现的早期人类遗址绝大多数是洞穴遗址。在人类还不会修建房子时，冬暖夏凉的洞穴是人类避风、防止野兽侵犯的安

身之所。甑皮岩遗址在历次调查和发掘中共发现 30 余具人骨，110 多种哺乳类、鸟类、鱼类、爬行类、腹足类、瓣鳃类动物亚化石，以及上千件石器、骨器、角、牙、蚌器和上万件捏制或贴筑的陶器残片。在 2001 年的发掘中还发现了一种新的鸟类，这种鸟类被命名为"桂林广西鸟"。一直以来，有相当一部分学者认为南方进入新石器时代比北方晚，而甑皮岩遗址的发掘及出土的遗物表明，南方特别是华南地区几乎与北方同时进入新石器时代，甚至比北方还早，这说明中华文明的起源是多元的。

甑皮岩遗址出土的骨笄

甑皮岩遗址出土的石锛、蚌器和象牙

 贝丘的文明密码

居住在甑皮岩的原始人类被称为甑皮岩人。甑皮岩人的种族类型属于蒙古人种，与南亚蒙古人种之间存在密切的关系，多数特征在南亚蒙古人种的变异范围之内。同时，甑皮岩人头骨个体也表现出若干赤道人种的倾向，这种倾向是受到旧石器时代晚期柳江人体质特征的影响而形成的。他们在体质特征上有一样的承袭关系，也进一步说明甑皮岩人在人类进化中还保留了一定的原始性状，并处于向现代人的进化演变阶段。甑皮岩人是现代华南人和东南亚人的古老祖先之一，其体质测量结果表明，甑皮岩人与柳江人有渊源关系，可能是柳江人的后代。

华南地区最早的二次葬

◆▶◀◆

在甑皮岩遗址中，发现有很多墓葬，葬式各种各样，主要有屈肢蹲葬、侧身屈肢葬、二次葬。二次葬有两例，编号分别为 BT2M3 和 DT2M1，其中 DT2M1 为一位 40 岁左右的男性。BT2 之 M3 的骨骼散乱成堆，其中有残破的半边头骨、残缺的上颌骨及完整的下颌骨，四肢骨均已折断，还有其他零散的骨架。此具二次葬人骨应该是一个五六岁的小孩，而紧挨在其旁边的 DT2 之 M2 墓主，为一位侧身屈肢的中年女性，估计是小孩的母亲，可能是小孩在他处死亡后迁回母亲身边的墓葬，属母子同葬。墓葬内没有随葬品、葬具及埋葬坑；在 M3 的头骨与 M2 的盆骨上发现赤铁矿粉末。目前这是华南地区乃至中国发现最早的二次葬。这种母亲和小孩合葬的现象表明当时还处于母系氏族社会，以母亲为血缘纽带，只知其母不知其父。

二次葬，又称捡骨葬、洗骨葬，通常是指死者的软组织皮肉腐烂后，把骨骼收拾起来再做一次或两次以上处置的骨葬。二次葬是古人类埋葬死者的习俗，与灵魂不灭的信仰有密切关系。在我国新石器时代的文化遗址中，二次葬很盛行。《墨

甑皮岩遗址的屈肢蹲葬　　　　　甑皮岩遗址的侧身屈肢葬

甑皮岩遗址 BT2 之 M3 二次葬小孩骨骼

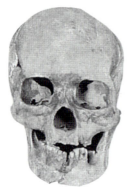

正视　　　　　　　　　　　俯视

甑皮岩遗址 DT2M3 头骨

子·节葬》记载："楚之南有炎人国者，其亲戚死，朽其肉而
弃之，然后埋其骨，乃成为孝子。"孝子之说可能是进入阶级
社会以后才新注入的时代内容，而二次葬最原始的宗教目的应
当是另有说法。近现代学术界大致有几种意见：多数人认为二
次葬是原始人信仰的体现，当时人们认为血肉是属于人世间的，
必须等到血肉腐朽之后才能进行正式的埋葬，这时候死者才能
进入鬼魂世界。另外，有人认为，从世界各国的情况来看，埋
葬和水葬确实是较古老的葬法，在山野地区生活的民族古代大
多采用埋葬法，在岛屿或大河沿岸生活的民族多采用水葬法。
这两种葬法简单，既适应原始社会的生活环境，又与灵魂崇拜
观念相符。后来，埋葬法发展成为第一次非正式葬，第二次捡
骨葬才是正式葬。尽管学术界对二次葬持有不同意见，但是可
以肯定的是，史前时期的此种葬俗与灵魂不灭的信仰有密切

关系。

广西的秋江遗址也发现有二次葬，横州西津遗址有个别墓葬为二次葬，而同一时代的顶蛳山遗址、青山遗址、长塘遗址、敢造遗址、鲤鱼嘴遗址等则无此葬俗，其原因可能是当时的族群仍处于分散多支状态，尚无统一的宗教信仰，因而其葬俗也有所不同。甑皮岩遗址的二次葬为我国目前发现最早的二次葬，而中原遗址中发现的二次葬比甑皮岩遗址、秋江遗址晚。因此，二次葬始于广西，并向东传到广东的封开乌骚岭、佛山河宕、曲江石峡等地，向西及西北传到云南、贵州。岭南地区仅在秋江遗址以东的地区发现二次葬，但分布范围较小，有一定的区域性。

二次葬的起因很可能与某些特殊身份的人物进行特殊的埋葬有关，或者是对非正常死亡者的一种特殊埋葬方式。甑皮岩遗址发现的两例二次葬，其中一例可能是当时的首领人物。在石峡文化中二次葬的墓均为大墓，随葬品相对较多，可见墓主在氏族中的地位很高；而同一墓地的一次葬，既小型又无随葬品。秋江遗址的二次葬也不多，墓主可能是身份不同，也可能是氏族成员在外意外死亡后就地埋葬，而后迁回氏族公共墓地埋葬，这是氏族组织凝聚力强盛在葬俗上的体现。因此，二次葬的产生，可能是由于墓主的身份特殊，也可能是对不同死亡情况进行特殊处理。

在甑皮岩遗址、石峡遗址的二次葬墓坑内往往撒有红色粉末，方便与一次葬区别开来。丧葬习俗的不同，主要是由人们所处的自然环境差异和生产力发展水平的不均衡而造成的。当

甑皮岩遗址：穴居中的贝丘人

时社会还处于氏族社会发展阶段，没有形成统一的宗教信仰，是尚未普及二次葬的阶段。在新石器时代的早、中期阶段，一次葬与二次葬在随葬品的数量方面没有太大差别，说明当时还没有出现阶级分化，也没有出现贫富差距。例如，在秋江遗址的墓葬中，一次葬与二次葬的随葬品都很少，随葬品数量没有明显的差别。到了新石器时代晚期，特别是随着农业和手工业的产生、发展及商品交换的出现，以及私有财产的产生和发展，贫富差距的现象逐渐显现，这些变化在墓葬中均得到体现。

甑皮岩遗址共出土18具人类骨骼，其中有6具头骨顶端处出现人工穿孔的情况。中国科学院古脊椎动物与古人类研究所张银运经过深入研究后提出，那些头骨上的孔洞，在形状、位置、大小及边缘特征上都显得异常特殊，难以简单地将其归于

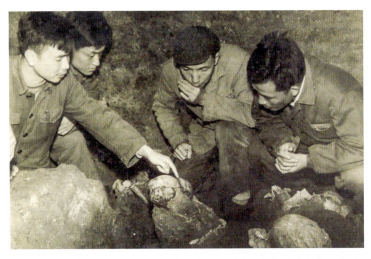

中国科学院古脊椎动物与古人类研究所张银运（左二）与其他专家正在研究甑皮岩人头骨上的孔洞

贝丘的文明密码

甑皮岩遗址人头骨创伤的痕迹

啮齿类动物的啃咬，或由洞顶崩塌的石块所击穿，或被某些植物根系分泌的酸性物质溶蚀所致。他认为，这些孔洞很可能是人们利用某种尖状器物猛然穿刺的结果。

甑皮岩遗址在死者头骨上穿凿孔眼有6例之多，这不是对死者的残酷行为，而是与灵魂活动有密切关系。在我国西安半坡遗址中，有一种专门用于埋葬小孩的瓮棺葬，即将小孩骨骸放在陶瓮中，在陶瓮的上方倒扣一个陶盆或陶钵作盖子，在盖子的正中间凿有一个圆形孔眼。郭沫若先生认为，这个孔眼是灵魂的专门出入口。在西亚的一些巨石墓中，常常发现在墓门的石板上凿一个圆形洞眼，一般也被认为是让灵魂出入之用。甑皮岩遗址人头骨凿孔，也应是有意识地让灵魂进出头颅。

在尸骨上撒红色矿粉也是在甑皮岩墓葬中发现的。据相关资料报道，在甑皮岩遗址部分死者的头骨和盆骨上发现有赤铁矿粉末。此外，有3件磨石和砾石面上也有赤铁矿粉末的痕迹。我国北京山顶洞人也有在尸骨周围撒赤铁矿粉末的情况。山顶洞人在北京市周口店镇龙骨山顶部的洞穴中被发现，洞分上下室，上室居住人，下室为墓葬区，在下室发现3具完整的人头骨和一些躯干骨，人骨周围撒有赤铁矿粉末，另外还有一些随葬品。类似的情况在泰国史前文化遗址中也有发现。在泰国北碧府柿约县柿约乡僧侣洞洞穴遗址中，发现用红土覆盖人骨，红土应与赤铁矿粉一样都具有某种宗教意义。学术界一般认为红色象征血液，是希望死者到另一个世界仍像生前一样有血、有肉、有生命。

甑皮岩遗址发现的二次葬是迄今为止华南地区乃至中国最早的二次葬，这种葬俗一直延续至今。透过甑皮岩遗址，仿佛能看到一个奇异的氏族，他们穴居野外，追求美丽，母子相依，生死同穴。他们珍爱生命，但有不少头骨被穿孔。通过这些头骨上的孔洞，仿佛能窥视到1万多年前甑皮岩人对灵魂的理解，以及他们对人死后独特的处理方式。

巧手制美陶

•▶◀•

　　史前陶器制作工艺的产生和发展，不仅可以展示史前工艺技术的演变，而且还可以展示经济形态的变化。在甑皮岩遗址第一期文化中就发现陶片，据碳–14年代测定的结果表明，一期的年代距今12500—11400年。这是我国目前发现较早的陶片之一。

　　甑皮岩遗址出土的陶器可分为五期，前后延续5000年，显示出新石器时代早期原始制陶到新石器时代晚期工艺成熟的发展历程。第一期成型的陶器仅有1件，为敞口、圆唇、斜弧壁的圜底釜。该陶器颜色不均匀、胎质疏松、烧成温度低，表明该陶器没有经过陶窑烧制，应当是平地堆烧的。陶器表面有开裂现象，表明该陶器不但烧成温度极低，而且器物成型、干燥和烧制工艺均不成熟。与国内年代大体相当的早期陶器相比，该陶器表现出比较原始的特征，表明当时的陶器制作工艺还处于初始阶段。

　　第二期陶器的数量比第一期有所增加。陶器厚薄相对均匀，陶胎较为致密，颜色比较均匀。夹杂的砂粒较多，颗粒较粗。

甑皮岩遗址：穴居中的贝丘人

通过观察陶片剖面，发现此时期的陶器是由泥片贴筑成型的。陶器的成型工艺是先制作大小不等的泥片，再贴筑成器壁。器型仍然单调，只有敞口、束颈的圜底罐类器一种。这类陶器可以兼顾烹饪和储藏等多种功能。陶器表面有滚压的绳纹。陶器的烧成温度略高，反映出烧制技术的进步。据考古工作者研究，此时期的陶器仍然采用平地堆烧的方法。

甑皮岩遗址出土的第二期陶片

第三期陶器也是泥片贴筑成型的，即先制作一定大小的泥片，再黏合成器，偶尔也用手捏。陶胎出现多层状现象，不够结实，受高温而出现内部分解的现象，可能是由于陶器中羼和料的颗粒较大，而且呈定向排列，影响陶土颗粒及陶土、羼和料的结合。器型还是只有一种釜罐。部分陶器表面多了一层薄泥，经火烧后呈红色，姑且叫它"陶衣"。此时期尚未出现陶窑，烧制方法还是以平地堆烧为主。

甑皮岩遗址出土的第三期陶片

第四期陶器依旧使用泥片贴筑，还没有见到陶轮的使用。部分陶片的贴筑从两层增加到三四层，其目的可能是增加陶胎的强度。即便如此，有些陶器仍然很疏松，可能是因为制作者手艺不精，或者还没找到增加陶胎强度的最好方法。为了让陶器更坚固，工匠们还会在陶器表面涂上一层泥土。这个时期

甑皮岩遗址出土的第四期陶器——敞口罐

甑皮岩遗址：穴居中的贝丘人

的陶器类型虽然不多，但是已经能区分煮饭和储粮了，表明陶器开始有专门化的趋势，可能与这类器物在日常生活中的重要性逐渐增加有关。从目前发现的资料来看，估计此时陶窑仍未使用。

第五期陶器的数量显著增加，制作工艺和技术水平有明显的进步，并出现泥质陶。泥质陶陶土未经淘洗，质地不纯，不细腻，其原料配制工艺尚处于萌芽阶段。制作上仍以泥片贴筑为主，但工艺比前期有所发展，出现三层泥片贴筑，而且在口沿部位使用泥片包裹，以保证器物口沿结构稳定。陶器的内壁、外壁还发现慢轮打磨修复的痕迹。用于盛载食物的食具如钵、豆的出现，说明陶器开始按需定制。纹饰也更丰富，除绳纹外，还有陶衣和各种戳印纹等，美得让人眼前一亮。可惜火候还差

甑皮岩遗址出土的第五期陶器——豆

贝丘的文明密码

点，颜色不太均匀。

甑皮岩遗址的陶器制作是一个不断发展和进步的过程，也是从粗糙到精美的过程。纹饰方面，第一期到第五期都出现绳纹，第五期还出现戳印和刻划纹等纹饰。绳纹是史前陶器最常见的纹饰，我国黄河和长江流域的早期陶器也常见绳纹。为什么绳纹在史前陶器中具有如此的普遍性？主要是因为绳纹的工具制作和工艺要求比较简单，容易掌握。而其他纹饰如戳印、刻划纹等，要求制作者事先对陶器表面的纹饰图案有相关的构思设计，其工艺水平和审美要求也相对较高。

绳纹是陶器的装饰手法之一，但甑皮岩遗址陶器表面的绳纹分布没有一定的规律和结构，并非一种有意设计的装饰图案。此外，第一期陶器的绳纹在滚压之后用手抹平，表明制作者并不打算让绳纹留在器物表面。如果施绳纹的目的是装饰，这个抹平的步骤就不应当出现，由此可见，制作者并没有将绳纹作为装饰纹样。到了新石器时代中、后期，有意识组合的绳纹才演变为装饰纹样之一。丰富而精美的陶片纹饰，让我们感受到甑皮岩遗址先民们的智慧和创造力。

甑皮岩遗址：穴居中的贝丘人

家猪饲养开先河

◆▶◀◆

甑皮岩遗址属于贝丘遗址的一种类型，其出土的螺蛳壳堆积薄且密度小，原因是周边无大江大河，仅有小溪流和湖泊，导致甑皮岩人对水中食物依赖度较低。为满足生活需求，甑皮岩人需打猎获取野兽。他们有时会圈养部分活的野生动物，以备不时之需。野猪常被甑皮岩人捕获，经长时间驯化逐渐演变为家猪。考古工作者发现，甑皮岩人是人类最早将野猪驯养成家猪的，也是最早通过人的意志改变野猪生活习性的。1973 年，在甑皮岩遗址发掘统计中，猪的骨骼个体有 67 个，而能进行准确年龄测试的有 40 个，猪的死亡年龄在 1 岁以下的有 8 个、1～2 岁的有 26 个、2 岁以上的有 6 个。另外，在所观察的全部标本中，尚未见到任何一颗猪牙被磨蚀得很严重。

考古工作者认为，猪的年龄是探讨它们是否为驯养的重要依据之一。根据甑皮岩猪的年龄情况来判断，它们是人类有意识饲养和宰杀的自然结果。此外，在甑皮岩猪的标本中，犬齿数量不多，较为粗壮的犬齿更是少见，犬齿槽外突的程度很差，而门齿一般都较细弱。这些情况说明在人类驯养条件下，猪的体质形态发生了变化。在甑皮岩遗址中，猪的骨架大部分发现于早期的文化层中，时间在距今 9000 年。根据这些材料，可以证明甑皮岩人是最早饲养家猪的人。

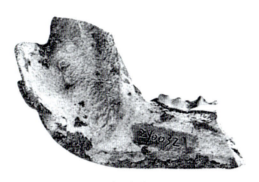

左下颌骨

右下颌骨

下颌骨联合部

甑皮岩遗址出土的猪骨

稻作农业的发展促进了家畜饲养的发展，并使其逐渐成为人们肉食的重要来源。不可否认，家畜饲养的出现，远在农业经济出现之前，学者大多认为原始畜牧业的起源可能在旧石器时代晚期，是从当时的狩猎经济中发展起来的。随着狩猎经济的发展，猎物增多，有时食用不完，人们便将活捉的幼兽或受伤未死的野兽留下豢养，这就产生了畜牧业。而家畜饲养与农业经济的发展有着密切的关系，特别是猪的饲养，必须有一定的淀粉饲料，这种淀粉饲料可能是块根食物，也可能是谷物或谷糠。饲养家畜表明人们已经过上了相对稳定的生活，并从事农业生产。

根据考古发现分析，甑皮岩人主要活动的区域位于一个有小型湖沼分布的山间盆地之中。当时桂东北地区的气候与现在相比，虽然无重大变化，但是更接近于现在我国西双版纳或更南地区的气候。桂东北地区高温且湿热多雨，植物种类多且生长茂盛，丰富的资源为家猪的驯养创造了得天独厚的条件。根据1978—1980年的普查发现，桂林是广西野生稻分布较多的地区之一，可见当时这里野生稻分布十分普遍且生长茂盛，人类采集野生稻以食用和饲养家猪。

华南地区首个国家考古遗址公园

◆▶◀◆

　　早在 20 世纪 70 年代甑皮岩遗址发掘之初，主持发掘工作的阳吉昌就意识到多学科参与的重要性，并着手开展一系列多学科研究活动。如 1974 年 3 月，中国科学院古脊椎动物与古人类研究所张银运等对甑皮岩遗址出土的人骨进行鉴定；1974 年底，该所李有恒等对遗址出土的动物骨骸进行鉴定和分析；1978 年，中国科学院南京地质古生物研究所黄宝玉、王惠基分别对遗址出土的瓣鳃类、腹足类动物遗骸进行鉴定和分析。甑皮岩遗址的第一次考古发掘得到了考古学、年代学、体质人类学、古动物学、古植物学、岩溶地质学等多学科的支持和参与，一大批研究成果先后公布和发表，引起了学术界对甑皮岩遗址的极大关注。甑皮岩遗址是我国最早进行多学科综合研究的古遗址之一。

　　2000 年，甑皮岩遗址博物馆邀请中国社会科学院考古研究所主持发掘工作。其原因有两个方面：一方面是中国社会科学院考古研究所是我国权威的考古机构，科研力量雄厚，在国内外学术界影响较大；另一方面是该所派出的广西工作队在队长

141

傅宪国教授的带领下，在广西已开展多年的田野考古工作，还曾经主持顶蛳山遗址的发掘等工作，为洞穴遗址的发掘积累了丰富经验。因此，甑皮岩遗址的第二次发掘是由中国社会科学院考古研究所、广西壮族自治区文物工作队、甑皮岩遗址博物馆和桂林市文物工作队四家单位共同开展的。由于采取合作发掘的方式，作为发掘领队的中国社会科学院考古研究所研究员傅宪国教授带来了全新的田野考古发掘理念，即以最小的发掘面积，获取最大的历史信息。

桂林文物工作队赵平（左）与阳吉昌（右）正在对甑皮岩遗址进行考古挖掘

甑皮岩遗址的第二次发掘面积仅为10平方米，但耗时却长达4个月，这在考古发掘中是非常少见的。此次发掘采用了多种田野考古方法，如浮选、取土样等，筛选出的样本分别用于孢粉分析、植硅石分析、微痕分析、出土文物表面残留物分析及考古实验等，以全面获取历史信息。此次发掘工作为顺利开展多学科综合研究奠定了基础。

贝丘的文明密码

甑皮岩遗址发掘领队傅宪国教授（中）正在指导考古工作者开展浮选工作

在领队傅宪国教授的积极筹划下，2001年甑皮岩遗址的发掘与研究工作云集了社会科学与自然科学等多学科的权威专家，如中国社会科学院考古研究所袁靖负责古动物的分析与研究，赵志军负责古植物的分析与研究，王明辉负责体质人类学方面人骨的鉴定、分析与研究，王浩天负责陶器实验的考古分析，刘建国负责遗址平面、剖面图的测绘，李淼负责遗迹及地层平面、剖面图的绘制，郑若葵负责出土文物的照相；香港中文大学吕烈丹博士负责古环境的分析与研究，石器及骨器、蚌器等的实验考古和微痕分析，出土器物表面残余物的分析与研究等；中国科学院上海硅酸盐研究所吴瑞博士、吴隽博士负责陶器成分、烧成温度、陶土来源的分析与研究。

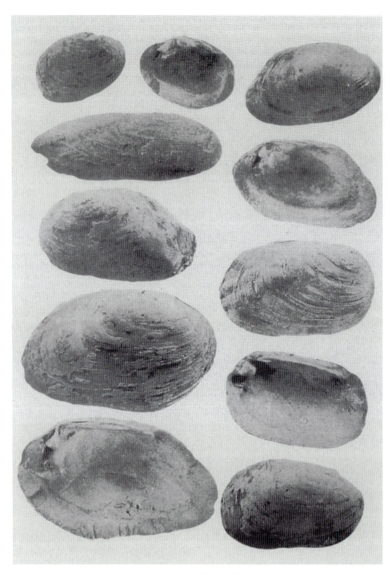

甑皮岩遗址出土的蚌器

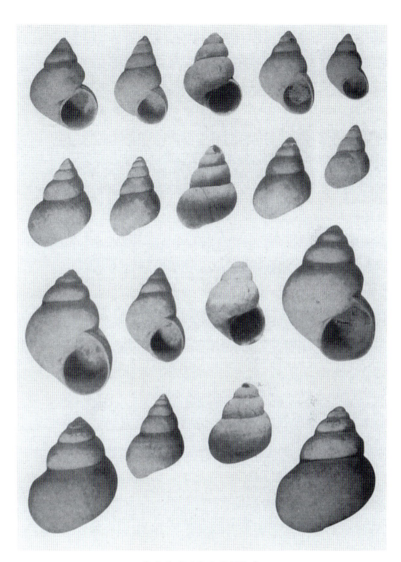

甑皮岩遗址出土的螺蛳壳

甑皮岩遗址：穴居中的贝丘人

此外，甑皮岩遗址孢粉分析报告由中山大学地球科学系郑卓完成；甑皮岩附近现代植物及植物种类调查报告由广西植物研究所李光照完成；甑皮岩遗址的碳-14年代测定则分别由中国社会科学院考古研究所仇士华、张雪莲，北京大学考古文博学院吴小红，中国地质科学院岩溶地质研究所王华，以及澳大利亚国立大学和英国牛津大学的专家进行测试分析；甑皮岩遗址底下的岩溶地质结构由中国地质科学院桂林工程勘察院探测。在遗址发掘前后及整理资料过程中，我国著名考古学家严文明、吕遵谔、安志敏、仇士华和张忠培等先后到发掘现场考察指导，对发掘资料的整理和研究提出了十分重要的意见。

据统计，甑皮岩遗址第二次发掘资料的整理和研究汇集了国内外18个科研机构与文博单位共50多名专家、学者，涉及10多个学科，堪称我国史前考古学史上罕见的多学科集团军大会战。在傅宪国教授周密的统筹协调下，参与人员精诚合作、共同努力，使汇集了甑皮岩遗址历次发掘研究成果的60余万字的考古报告《桂林甑皮岩》在发掘工作结束后的短短两年内正式出版，这是多学科合作研究的智慧结晶。

自1973年以来，甑皮岩遗址的发掘与研究在几代考古人的辛勤努力下取得了显著成果。1990年，这些研究成果被结集于《甑皮岩遗址研究》一书中。2003年12月10—14日，桂林成功举办了华南及东南亚史前考古——纪念甑皮岩遗址发掘三十周年国际学术研讨会。此次国际学术研讨会不仅规格高、影响深远，而且还对广西的考古工作产生了积极的影响，标志着甑皮岩遗址的研究迈入新阶段。2006年，《华南及东南亚地区史前考

贝丘的文明密码

华南及东南亚史前考古——纪念甑皮岩遗址发掘三十周年国际学术研讨会现场

古——纪念甑皮岩遗址发掘 30 周年国际学术研讨会论文集》正式出版，共收录了 35 篇甑皮岩遗址研究的相关论文。

2001 年 6 月 25 日，甑皮岩遗址被国务院公布为全国重点文物保护单位。2004 年 4 月，甑皮岩遗址 2001 年度考古发掘工作被国家文物局评为国家田野考古奖二等奖。《桂林甑皮岩》先后荣获 2003 年度中国最佳考古发掘报告奖、第四届夏鼐考古学研究奖二等奖、中国社会科学院考古研究所科研成果一等奖、中国社会科学院科研成果二等奖等。2013 年，国家文物局公布全国 150 处大遗址，甑皮岩遗址榜上有名，成为华南地区首个

甑皮岩遗址：穴居中的贝丘人

国家考古遗址公园。2021 年 10 月，甑皮岩遗址被中国考古学会、中国文物报社评为"百年百大考古发现"。这些令人瞩目的成绩，奠定了甑皮岩遗址的学术地位。

甑皮岩遗址，宛如一部古老的史书，在岁月的洗礼下沉淀出深厚的文化底蕴，展示出桂林远古文化的风采，为桂林历史文化名城增添了几分厚重。

后 记

1989 年 6 月，我毕业于中山大学人类学系考古专业，一直从事文博工作。多年来，我始终在广西文物保护与考古研究所工作一线，专注于田野考古的发掘与研究工作。

自 1997 年起，我与贝丘遗址结下了不解之缘，首次接触贝丘遗址是在顶蛳山遗址的发掘期间，我到现场参观学习，那些屈肢葬与肢解葬的奇异葬俗深深震撼了我。2002 年、2003 年，我两次参与广西横县平朗乡秋江贝丘遗址的发掘，亲身经历了从布方、发掘到绘图、照相、记录的全过程，让我对贝丘遗址有了更进一步的了解。在这段经历中，我对贝丘遗址的葬俗产生了浓厚兴趣。

2014 年，为配合邕宁水利枢纽工程建设，我主持了凌屋遗址、那北咀遗址两处贝丘遗址的发掘工作。在遗址发掘过程中，我们发现了众多与顶蛳山遗址相似的墓葬以及丰富的石器、蚌器、骨器等出土遗存。值得一提的是，广西邕宁凌屋新石器时代贝丘遗址被评为 2014 年中国重要考古发现。

2008 年，我初次涉足科普读物的撰写，创作了《文明曙光：

后记

岭南人的祖先》一书，并于翌年1月正式出版。对我而言，将晦涩难懂的考古资料转化为通俗易懂的文字，无疑是一项巨大的挑战。如今，我再次挑战自我，着手撰写"考古广西"丛书之《贝丘的文明密码》。本书从考古工作者的视角，以通俗的文字及丰富的考古图片，揭秘广西具有代表性的贝丘遗址，旨在引领青少年读者深入探索广西贝丘文化的深厚底蕴，解开历史谜团，领略人类文明的多样性。

在本书即将出版之际，我非常感谢中国社会科学院考古研究所傅宪国教授及我的同事李珍、何安益、陈晓颖、梁优，还有南宁市博物馆蒲晓东、防城港市博物馆何守强、顶蛳山遗址博物馆黄强等人，他们慷慨分享多年发掘贝丘遗址的宝贵资料与研究成果，为本书的撰写提供了翔实的资料。同时，还要感谢广西文物保护与考古研究所给予我这次宝贵的机会。此外，在本书撰写过程中，我还得到了广西科学技术出版社的大力支持和帮助，在此表示衷心的感谢。

由于时间和水平所限，书中仍存在不足之处，敬请广大读者批评指正。希望本书能够唤起社会各界对广西文物考古事业的更多关注，激发大家共同为广西考古事业倾注更多的热情与力量。

覃　芳

2024 年 10 月

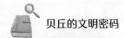